HITS FÜR KIDS
EIFEL

50 Freizeittipps für die ganze Familie

Antje Bayer

BRUCKMANN

Inhalt

Abenteuer draußen

Vorsichtig beim Ziegen füttern!

Mit den Oldies auf Tour

Natürliche Kostbarkeiten verarbeiten

Abenteuer drinnen

Früh übt sich!

Für die Sicherheit ist gesorgt!

Schwimmbäder und Badeseen

Feste und Events

Vorwort

Sie planen einen Kurztrip in der Nähe, einen umfangreicheren größeren Ausflug oder auch einen längeren Urlaub in der Eifel? Dann wird Ihnen dieser Ratgeber ein willkommener Begleiter sein. Darin entdecken Sie eine Vielzahl von Vorschlägen für einen gelungenen Aufenthalt.

Egal, ob die Außentemperatur -5 Grad oder +30 Grad anzeigt, Pia lieber auf einem Indoorspielplatz spielen oder Melanie einen Streifzug durch die Natur machen möchte. Vielleicht möchte Mika sich lieber als Forscher betätigen, aber sein Freund Jerle sein Können als Rennfahrer unter Beweis stellen?

Thorben dagegen plant die Geburtstagsparty seiner Tochter und Mia möchte ein mittelalterliches Spektakel besuchen. Etwas Kreatives hat Lizzy im Sinn, aber Harald möchte lieber einen Lehrpfad besuchen. Am

Fröhliche Bienchenjagd im Phantasialand

Wochenende einen Familienausflug ins Museum oder doch lieber ein Picknick am Badesee?

Das Buch »Hits für Kids« ist im Alltag ein hilfreicher Begleiter. Der übersichtliche Ratgeber beinhaltet Ideen für Aktivitäten im Freien und im Haus. Die interessanten Touren fesseln nicht nur Kinder, sondern machen auch den Eltern Spaß. Kinder im Alter bis zwölf Jahren können bei den Ausflügen ihr Wissen erweitern, die Natur entdecken, sportlich aktiv werden oder einfach nur Fun haben. Die Erwachsenen können im Gegenzug ihren Kindern einprägsame Momente schenken und an ihrer Entwicklung intensiv teilnehmen.

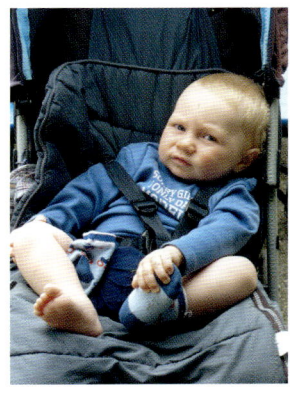

Wohin geht's?

Die Eifel ist ein noch recht unbekanntes Kleinod. Viele Familien, die bisher noch nie die Eifel besucht haben, sind überrascht von deren Vielfalt und Naturschönheiten. Unterteilt wird die Eifel z. B. in die Vulkaneifel, die Nordeifel, die Moseleifel, die Südeifel bei Trier oder auch die Westeifel bei Prüm.

Die Maare sind in der Eifel eine besondere Sehenswürdigkeit. Die Seen haben sich aufgrund vulkanischer Aktivitäten gebildet und sind meistens rund. Mit natürlichem Wasser gefüllt, laden sie zu entspannenden Spaziergängen ein. Etwa 75 Maare können insgesamt in der Vulkaneifel entdeckt werden.

Besonders sehenswert ist der Laacher See, der sich nahe der Stadt Andernach bzw. Mayen befindet. Als größtes Maar in der Vulkaneifel zieht er jährlich viele Besucher an. Neben dem See, aus dem manchmal Dampfwolken steigen, sind das Kloster Maria Laach und das Naturkundemuseum hier Anziehungspunkte.

Wer in die Eifel in den Urlaub fährt, sollte die Räder mitnehmen oder sich vor Ort welche ausleihen. Gerade eine Tour mit dem Mountainbike ist in der Eifel empfehlenswert. Das Auf und Ab beim Fahren durch die Kraterlandschaft oder auch Fahrradtouren bei Cochem begeistern jede Altersgruppe. Überhaupt ist Cochem ein reizvolles Städtchen. Romantisch an der Mosel gelegen, beeindruckt die Stadt durch die Kaiserburg, die Seilbahn, die Radrouten und durch die hübsche Innenstadt. Eine Schifffahrt auf der Mosel ist ab Cochem außerdem möglich!

Römische Geschichte kann in der Stadt Trier ergründet werden. Hier laden viele Schauplätze zum Staunen und Schauen ein. Wer es gemütlich liebt, der bucht eine Stadtrundfahrt. Mit der kleinen zuckelnden Bahn lässt sich wunderbar die Innenstadt erobern. Beim Amphitheater wie auch der Porta Nigra sollte ein wenig mehr Zeit eingeplant werden. Denn hier gibt es vieles zu bestaunen. Bei einem Besuch der historischen Stätten fühlen sich die Familien in die Römerzeit zurückversetzt.

Sollte das Wetter einmal nicht so gut sein, gibt es in der Eifel auch viele Möglichkeiten, unter einem schützenden Dach Eindrucksvolles zu erleben. Das Eifelmuseum, das hübsche Schulmuseum in Immerath oder auch das spannende Internationale Zeitungsmuseum in Aachen sind in dem Buch vorgestellt. Kindertheater, Schwimmbäder wie auch Indoorspiel-

plätze und Kartbahn sind weitere Möglichkeiten, in der Eifel seine Freizeit indoor zu verbringen.

Tipps für unterwegs

Zu den jeweiligen Tourenvorschlägen finden die Leser und Leserinnen noch weitere Angaben. So sind zu jeder Tour die Öffnungszeiten, die Preise sowie eine Altersempfehlung vermerkt. Angaben zur Anfahrt mit dem Auto oder Möglichkeiten der Anreise mit öffentlichen Verkehrsmitteln sowie Einkehrempfehlungen erleichtern die Planung.

Empfehlenswert ist es, vor Antritt des Ausfluges die Öffnungszeiten wie auch die Preise noch mal zu

Blick in die Ferne

überprüfen, um Enttäuschungen zu vermeiden. In den Infokästen zu den jeweiligen Tipps sind die Kontaktdaten mit Telefonnummer und Webadresse der Veranstalter vermerkt. Außerdem ist zu beachten, dass bei einigen Angeboten eine vorherige Reservierung vorgenommen werden sollte. Eine rechtzeitige Buchung ist gerade in den Ferien und am Wochenende ratsam.

Die Preisgestaltung der Freizeittipps ist vielseitig. An schlanke wie auch prall gefüllte Geldbörsen wurde beim

Geologische Besonderheiten erforschen

Schreiben des Buches gedacht. In dem Buch wurden vorwiegend die Regel-Preise vermerkt. Neben diesen Regel-Preisen gibt es aber auch Kurztarife, Spartarife oder auch Feierabendpreise. Zusätzlich bieten einige Veranstalter individuelle Vergünstigungen an. So bietet z. B. die Stadt Trier die Trier-Card-Familienkarte an.

Zu jedem Freizeitziel wurde auch eine Altersempfehlung notiert. Generell sind die Tourenvorschläge für Kinder im Alter von null bis zwölf Jahren recherchiert. Die Altersempfehlung ist nicht bindend. Die Eltern können am besten die Fertigkeiten und Fähigkeiten ihres Nachwuchses einschätzen.

Allerdings ist es ratsam, bei einigen Angeboten die Empfehlung des Veranstalters einzuhalten. Gerade bei Theaterbesuchen ist das z. B. der Fall. Häufig gibt es Stücke, die auf eine Altersklasse abgestimmt sind. Es werden Inhalte vermittelt, die jüngere Kinder nicht begreifen können, und dann kommt es leicht zu einer Überforderung. Das Kind wird gereizt, hört nicht mehr der Vorstellung zu und verbreitet Unruhe. Um sich selbst, seinem Kind und der Umwelt diese Frustration zu ersparen, ist es sinnvoll, zu jedem Theaterstück die Altersgrenze zu erfragen.

Bei den Kartrennbahnen und Kletterparks wird ebenfalls um die Einhaltung von Mindestalter und sogar Mindestgröße gebeten. Hier betrifft es allerdings die Sicherheitsbestimmungen.

Kinderführung im Museum

Für die Aufenthalte in der Natur entdecken die Familien in dem kleinen Begleiter spannende Vorschläge. Spaziergänge um den Mosenberg, die Tour zur Elfengrotte oder auch der Eifeler Milchweg werden näher erläutert. Ein Fernglas sollte bei diesen Wanderungen nicht vergessen werden! Mit ein bisschen Glück lässt sich auch die Tierwelt der Eifel näher betrachten. Wem das Glück in der freien Natur nicht hold ist, der kann auch einige Wildparks und Zoos besuchen.

Viele Museen bieten für Kinder und Familien spezielle Angebote an. Familien-Workshops, Kinderführungen, Ferienaktionen oder auch Kreativ-Workshops werden regelmäßig veranstaltet. Ein besonderes Highlight ist der Kindergeburtstag im Museum. Je nach verfügbarem Budget wird ein individuelles Geburtstagspaket zusammengestellt. Gerade Kinder haben viel Spaß daran, einmal in einer anderen Umgebung zu feiern. Wie wäre es denn mal mit einer Party im Freilichtmuseum oder den heiligen Hallen eines Kunstmuseums?

Ein gut bestückter und leichter Rucksack ist zu jedem Ausflug empfehlenswert. Neben der Sonnencreme und dem Sonnenhut bei hohen Temperaturen sind auch Pflaster oder eine Salbe gegen Insektenstiche vorteilhaft. Genug zum Trinken wie auch leichte Snacks sollten im Rucksack gleichfalls nicht fehlen.

Der Fotoapparat hält die schönsten Momente für die Nachwelt fest und eine Tüte dient als Sammelbehälter für diverse Steine, Stöckchen und andere für Kinder wertvolle Fundstücke. Hilfreich sind auch Wechselsachen für Kinder, die gerade lernen, ohne eine Windel auszukommen. Für die Sicherheit sorgen dagegen Fahrradhelme bei Radtouren und Fahrten mit Skates oder Skateboard. Die Regenjacke ist zudem ein hilfreiches Kleidungstück bei Tagen mit wechselhaftem Wetter.

Viel Spaß beim Lesen und Ausprobieren unserer »Hits für Kids«!

Naturberührungen

🐷	Spartipp	🛒	auch für kleine Kinder geeignet
🔥	Abenteuer	🐰	Unternehmungen mit Tieren
💡	Lehrreiches	🚲	Fahrradtouren
👥	Feste & Veranstaltungen	🏊	Schwimmbäder und Badeseen
🐨	Wanderungen	〰	Unternehmungen am Wasser

Abenteuer draußen

Futterzeit!

1 Brückenkopf-Park Jülich

Spiel und Spaß in alter Festung

Der Besuch des Brückenkopf-Parkes in Jülich ist sehr facettenreich. Spiel, Spaß, Spannung, aber auch Lehrreiches und Abenteuer entdecken die Besucher rund um den Brückenkopf. Der Brückenkopf ist eine Festungsanlage aus der Zeit Napoleons, die zu Beginn des 19. Jahrhunderts errichtet wurde. Als Teil der Festung Jülich wurde er durch den Krieg zerstört. Später wurde fast das ganze Areal restauriert.

■ **Anfahrt:** Mit dem Auto: A 44, Abfahrt Jülich West, dann der Beschilderung zum Brückenkopfpark folgen. Mit dem Bus: Vom Bahnhof bis zur Haltestelle »Rurbrücke«.

■ **Öffnungszeiten:** März–Okt. 9–18 Uhr, Nov.–Feb. 9–16 Uhr. Der Park kann bis Anbruch der Dunkelheit besucht werden.

■ **Preise:** Kinder größer als 1 m: 2,20 €, Erwachsene: 4,50 €; Familie (1 Erw. u. max. drei Kinder): 7 €, jedes weitere Kind: 1,50 €; Familie (Eltern u. max. drei Kinder): 11 €, jedes weitere Kind: 1,50 €.

■ **Altersempfehlung:** Ab 0 Jahre.

■ **Einkehr:** Im Brückenkopf-Park.

■ **Info:** Gesellschaft für Kultur und Marketing mbH, Rurauenstr. 11, 52428 Jülich, Tel. 02461/979 50, www.brueckenkopfpark.de.

Spielzeit im Brückenkopf-Park

Der Brückenkopf-Park lockt das ganze Jahr über Eltern und Kinder in den Park. Bei schönem Wetter erkunden die Jungen und Mädchen mithilfe des Floßes das Gewässer oder planschen mit ihren Freunden im Wasser.

Im Stadtgarten gibt es einen Spielturm, den der ältere Nachwuchs eifrig erobert. Die kleineren Kinder dagegen fahren gemütlich Karussell und buddeln im Sand. Balancieren ist dagegen auf dem Waldspielplatz angesagt.

Gegen eine kleine Gebühr von 2 € kann in dem Freizeitpark der Kletterfelsen bestiegen werden.

Ein wenig Kraft und Geschicklichkeit sind schon notwendig, um ihn zu er-klimmen. Der Kletterturm ist samstags von 14–18 Uhr und sonntags von 12–18 Uhr, in den Ferien täglich von 12–18 Uhr geöffnet. Gleich in der Nähe befindet sich eine Skaterbahn, wo Große wie auch Kleine auf Skates oder dem Skateboard richtig Gas geben.

Ruhiger geht es dagegen im Garten der Sinne zu. Mit bloßen Füßen er-kunden die Familien den Barfußpfad oder erfreuen sich an den wohltu-enden »natürlichen« Gerüchen. Ebenfalls sehr anregend sind die Kunst-werke im Park. Interessante Objekte wie die Kunstfelder, die »Segelflugmobilharfe« oder »Störfall – ein Stück vom Himmel« laden zum Staunen ein.

Im Zoo des Brückenkopf-Parkes können die Besucher Störche, Wildschweine oder Meer-schweinchen beobachten. Hier gibt es auch die Möglichkeit für Kinder ab neun Jahren, im Pony- und Esel-Pflegeteam mitzumachen. Ebenfalls sehr beliebt sind die Tikiko-Kurse, bei denen sich die Kinder ab sechs Jahren als »Mini-Pfleger im Einsatz« betätigen und vieles im Umgang mit Tieren erlernen.

Tipp
Die Schatzsuche oder auch eine Waldrallye sorgen dafür, dass der Kindergeburtstag für Kinder ab fünf Jahren ein besonderes Ereignis wird. Getränke, Essen und der Schatz (bei der Schatz-suche) sind mitzubringen. Ein Geburtstagsessen kann auf Wunsch in der Parkgastronomie unter Tel. 02461/935 90 77 zu-sätzlich gebucht werden. Für bis zu fünf Kinder kostet der Kindergeburtstag 65 €, bis neun Kinder 85 € und bis zwölf Kin-der 100 €. Eventuell werden noch Materialkosten fällig.

Mit Selbstüberwindung und Ängsten werden die Familien im Hochseilgarten konfrontiert. Interessante Parcours in mehreren Metern Höhe sorgen für gehöriges Bauchkribbeln. Klettern für Einzelpersonen ist von März bis September möglich (Kletterzeiten beim Brü-ckenkopf-Park erfragen). Zudem haben Er-wachsene und Kinder die Möglichkeit, sich beim Minigolf oder auch auf dem Beachvol-leyballfeld am Lindenrondell zu beweisen.

Wer einen längeren Aufenthalt plant, um den Park ausgiebig kennenzulernen, dem steht der Jugendzeltplatz oder auch der Wohnmobil-stellplatz zur Verfügung.

Bootsausflug

2 Sommerbobbahn Monschau-Rohren

Rasantes Fahrvergnügen

Im Sommer- und Wintersportzentrum Monschau-Rohren ist die Sommerbobbahn während der schönen Jahreszeit der absolute Renner. Sie schlängelt sich mitten in der Natur durch das Gelände. Die rasante Bobbahn wird aber nicht nur von den Kindern geliebt.

Mit Speed den Berg hinunter

Einer- oder Zweier-Bobs stehen für das Fahrvergnügen bereit. Schon kleine Kinder können zusammen mit ihren Eltern den Berg hinunterzischen. Insgesamt ist die Strecke 1251 Meter lang. 751 Meter Abfahrstrecke und 500 Meter Rückfahrt zeichnen sie aus. Die kurvige Strecke sorgt für gehörigen Nervenkitzel der Familien. Jauchzen und Lachen schallen den Berg hinab.

Etwa vier Minuten dauert die Fahrt auf der Sommerbobbahn. Sobald der Schlitten etwas gemächlicher fährt, haben die Fahr-

■ **Anfahrt:** Mit dem Auto: Über die A 44 oder A 1 nach Monschau in den Ortsteil Rohren. Mit dem Bus: Vom Bahnhof mit dem Bus nach Rohren.
■ **Öffnungszeiten:** April–Nov. 10–18 Uhr (außer bei Nässe).
■ **Preise:** Erwachsene: Einzelfahrt 2,50 €; fünf Fahrten 9 €, Kinder (6–15 Jahre): Einzelfahrt 2 €; fünf Fahrten 8 €; Gruppenermäßigung. Trampolinturm: pro Person (sechs Min.) 1 €; Kinderbagger: 1 €, Mini-Auto-Sport-Test: pro Person 1 €; Grillhütte zwei Stunden: 15 €.
■ **Altersempfehlung:** Ab 4 Jahre.
■ **Einkehr:** Gastronomie Sommerbobbahn und Grillhütte.
■ **Info:** Sommer- und Wintersportzentrum, Rödchenstr. 37, 52156 Monschau-Rohren, Tel. 02472/41 72, www.sommerbobbahn.de.

gäste Gelegenheit, die Schönheiten der Landschaft zu genießen. Der Blick auf die Stadt Monschau wie auch über das Rurtal ist inklusive. Bei nassem Wetter ist die Bobbahn aus Sicherheitsgründen nicht in Betrieb.

Neben dem Fahrspaß gibt es noch weitere Angebote vor Ort, die den Kindern so richtig Vergnügen bereiten. Mit dem Kinderbagger »Super-Max« auf dem Kinderspielplatz betätigen sich die Jungen und Mädchen als außerordentlich fleißige Bauarbeiter und schichten ehrgeizig den Sand um. Neben dem Mini-Auto-Sport-Test steht den Kindern ein Trampolinturm mit Ballspiel zur Verfügung, wo sie ganz ihrem natürlichen Bewegungsdrang nachgehen können.

Baggerfreuden

Sehr empfehlenswert im Anschluss ist die Erkundung des Natur- und Waldlehrpfades. Hier erhalten die Wanderer ausführliche Informationen zum Wald und seiner Pflanzen- wie auch Tierwelt. Der fünf Kilometer lange Weg führt rund um Rohren und befindet sich gleich in der Nähe der Sommerbobbahn. Der eigentliche Start- und Endpunkt des Lehrpfades befindet sich im Ortskern von Monschau.

Tipp
Im Winter ist das Sommer- und Wintersportzentrum ein Mekka für Wintersportler. Vier Skialpin-Pisten, eine Waldabfahrt, markierte Loipen für Langläufer, eine Skischule, Skiverleih, Anker-Schlepplift, drei Übungslifte wie auch eine Rodelwiese finden die Besucher vor.

Ebenfalls nur etwa 500 Meter von der Sommerbobbahn entfernt, gibt es eine historische Sägemühle. In der wasserbetriebenen Sägemühle sehen sich die Besucher Arbeitsgeräte an, wie sie in früheren Jahrzehnten in Einsatz waren. Förster Drevermann berichtet nach vorheriger Terminabsprache, wie früher die Baumstämme in Bretter verwandelt wurden. Eine Terminabsprache ist unter der Tel. 02472/70 35 möglich.

Für das leibliche Wohl der Besucher der Sommerbobbahn ist auch gesorgt. Die hiesige Gastronomie verwöhnt die Familien mit regionalen Speisen. Außerdem lädt eine Grillhütte zu zünftigen Grillevents ein. Hier müssen allerdings die Steaks, Brot und Getränke selber mitgebracht werden.

19

3 Naturpark Hohes Venn – Eifel

Naturerlebnisse

Spannende Natur- und Landschaftserlebnisse bietet der Deutsch-Belgische Naturpark Hohes Venn – Eifel. Wanderrouten und Erlebnispfade, Erlebnisausstellungen wie auch die Angebote der Naturzentren lassen keine Langeweile aufkommen. Einige besondere Angebote sind im Folgenden zusammengetragen.

Wanderfreuden durch den Naturpark

Waldpädagogisches Zentrum Eifel – Wie der Förster in der Vergangenheit und heute arbeitete sowie historische Exponate geben Aufschluss über die Entwicklung der Waldarbeit.

■ **Info:** Waldpädagogisches Zentrum, Auf dem Kahlenbusch, 53894 Kommern, Tel. 02443/998 01 24, www.kommern.lvr.de.

Naturzentrum Eifel in Nettersheim – Im Naturzentrum erhalten die Besucher Informationen zu Themen wie Archäologie, Geologie, Fossilien oder Naturkunde. Ein Korallenriff-Aquarium, Bauerngarten, ein historisches Bauernhaus und Kalkbrennöfen können zudem besichtigt werden.

■ **Info:** Naturzentrum Eifel im Naturerlebnisdorf Nettersheim Urftstr. 2–4, 53947 Nettersheim, Tel. 02486/12 46, www.naturzentrum.eifel.de.

Naturkundliche Ausstellung Rur & Fels in Nideggen-Brück – Wissenswertes zu den Lebensräumen Flussaue und Buntsandsteinfelsen mit ihrer Flora und Fauna ist in der Ausstellung zu erfahren. Im frei zugänglichen Außengelände können die Familien den Landschaftsentdeckungspfad Nideggen mit seinen 28 Stationen bewandern. Proviant nicht vergessen! Die Strecke ist zehn Kilometer lang.

■ **Info:** Biologische Station im Kreis Düren e. V., Zerkaller Str. 5, 52385 Nideggen-Brück, Tel. 02427/94 98 70, www.biostation-dueren.de.

Holzkompetenzzentrum Rheinland – Programme zu Wald und Holz laden die Kinder und Eltern zum Mitmachen ein.

■ **Info:** Holzkompetenzzentrum Rheinland, 53947 Nettersheim, Römerplatz 12, Tel. 02486/80 10 24, www.holzkompetenzzentrum.de.

Naturpark-Infostätte Prüm – Spannende Ausstellungen zu Wald, Geologie und Landwirtschaft werden hier organisiert. An dem Standort der Infostätte beginnt die »Prümer Land Tour« mit ihren vier thematischen Wanderrouten oder auch der »Waldpfad Tettenbusch«.

■ **Info:** Naturpark-Infostätte, Tiergartenstr. 70, 54595 Prüm, Tel. 06551/98 57 55, www.naturerlebnis-eifel.de.

Wasser-Infozentrum Eifel – In Heimbach ist das Infozentrum zu Hause. Hier erwarten die Besucher viele Exponate zum Anfassen, Computersimulationen und große See-Aquarien. Zudem können die Familien der gläsernen Wasserleitung durch 2000 Jahre Wassernutzung in der Eifel folgen.

■ **Info:** Wasser-Info-Zentrum Eifel, Karl-H.-Krischer-Platz 1, 52396 Heimbach Tel. 02446/911 99 06, www.wasser-info-zentrum-eifel.de.

Naturerlebnisausstellung Heimbach – Wie in Niederbach gearbeitet und gelebt wurde, erfahren die kleinen und großen Besucher in der Ausstellung im »Haus des Gastes«. Eine besondere Attraktion ist der »Uhu-Raum«. Im Außengelände entdecken sie zudem Kachelmanns Wetterstation.

■ **Info:** Naturerlebnisausstellung im »Haus des Gastes«, Über Rur, 52396 Heimbach, Tel. 02446/35 78, www.heimbach-eifel.de.

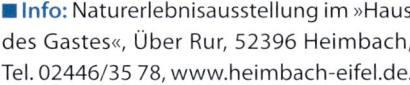
Spannende Beobachtungen

21

4 Phantasialand Brühl

Freizeitspaß in der Abenteuerwelt

Schnell vergeht die Zeit im Phantasialand in Brühl. Unterhaltung und Spannung wie auch Spaß und Abenteuer stehen auf dem Programm. Verschiedene Themenbereiche konfrontieren die Besucher mit immer spannenderen Attraktionen.

■ **Anfahrt:** Mit dem Auto: Über die A 553 nach Brühl (Ausfahrt Godorf). Mit der Bahn: Von Brühl DB-Bahnhof und Brühl Mitte (Stadtbahn) direkt zum Phantasialand.

■ **Öffnungszeiten:** April– Nov. 9–18 Uhr; ausgewählte Tage von Nov. bis Jan. 11– 20 Uhr (siehe Veranstalter-Homepage).

■ **Preise:** Erwachsene und Jugendliche ab 13 Jahren: Tageskarte 37,50 €, Kinder (4–12 Jahre): Tageskarte 17 €.

■ **Altersempfehlung:** Ab 0 Jahre.

■ **Einkehr:** Im Phantasialand.

■ **Info:** Phantasialand, Schmidt-Löffelhardt GmbH & Co. KG, Berggeiststr. 31-41, 50321 Brühl, Tel. 02232/362 00, www.phantasialand.de.

Dampfkarussell

Das Phantasialand in Brühl lädt Eltern und Kinder zu einer spannenden Abenteuer- und Entdeckungsreise ein. Jeder Themenbereich zieht die Besucher mit seinen Besonderheiten in den Bann, ebenso der Fantasy-Bereich, in dem die Familien die Mauern von Wuze Town schon von Weitem sehen. Mit dem Würmling-Express fahren sie am Ufer des Mondsees entlang und füttern kleine Vogelbabys. Das Patrouillenboot der Wasser-Wuze »Wakobato« steht auch schon bereit und lädt zu außerordentlichen Wassermanövern ein. Mit dem lustigen Papagei geht es hoch in die

Lüfte, ebenso mit Wolke's Luftpost. Allerdings müssen die Familienmitglieder schon heftig in die Pedale treten. Die Kleinsten gehen auf Entdeckungstour auf Wabi's Krabbelinsel oder machen erste Versuche auf der Hüpfburg.

Afrika-Fans suchen die Musikschule im Phantasialand auf und lassen sich von den Trommeln verzaubern. Die Miji African Dancers laden außerdem gleich noch zum Tanzen ein. Der Drache Kroka ist auch zeitweise im Bereich »Deep in Afrika« zugegen und spielt mit den Mädchen und Jungen.

Einen kleinen Zeitsprung unternehmen die Besucher im Berliner Bereich. Schuhputzer, Künstler auf Hochrädern wie auch ein Zeitungsjunge versetzen sie in eine andere Epoche. Das Outdoor-Show-Erlebnis »Drakar'ium« mit einem explosiven Mix aus Akrobatik und Spezialeffekten wie auch Bolles Riesenrad ergänzen diesen kleinen Besuch in »Berlin«. Ebenfalls ein besonderes Erlebnis ist der Film »Pirates in 4D«. Mit der Comedy-Legende Leslie Nielsen unternehmen die Familienmitglieder eine spektakuläre Schatzsuche.

Quer durch Mexiko geht es mit dem Geisterzug »Colorado Adventure«. Rasant zischt der Zug durch Kurven und Felsen. Ebenfalls für Nervenkitzel sorgen die Wildwasserbahn und die Freifalltürme, während es bei den Weltklasse-Ridern rau zugeht. Die Stunts zu der abgefahrenen Musik locken vor allen die Kids an. Fasziniert sehen sie der Show zu und wünschen sich, auch bald solche Tricks zu beherrschen.

Die geheimnisvollen Burganlagen im Mystery-Land sind nichts für Angsthasen. Reißende Gewässer, Fledermausboote und der Drache Schneck sind hier zu entdecken. Wer wagt hier mithilfe des Bungee Drop aus 65 Metern Höhe den

Bolles Riesenrad

freien Fall? Im Reich der Mitte – China Town – ist alles wieder freundlicher. In der Wushu-Show beobachten die Besucher den Löwentanz und erfahren von den vielfältigen Formen der chinesischen Kampfkunst. Chinesische Akrobatik wie auch eine Geisterbahn faszinieren die Zuschauer ebenfalls.

Für Familien hält das Phantasialand in Brühl besondere Serviceangebote bereit. Im Gäste-Service und an allen Eingängen wie auch im Family-Service in der Berlin-Welt gibt es Kinderarmbänder, die mit der eigenen Telefonnummer versehen werden können. Falls das Kind einmal verschwunden ist, lässt es sich so leichter finden. Zudem erhalten die Familien Buggys (3 € pro Tag), Bollerwagen (2 € pro Tag), Fläschchen-Aufwärmer beim Family-Service und können Wasserkocher wie auch eine Mikrowelle nutzen, um für die Kleinsten das Essen zuzubereiten.

Baumberger Irrgarten

Die Gesichtsmaler verschönern die Jungen und Mädchen. An dem mobilen Stand auf dem Kaiserplatz oder bei schlechtem Wetter im überdachten Rondell am Wintergarten erhalten die Kinder ein zauberhaftes Gesicht. Als Schmetterling oder auch Tiger können sie dann den Park erobern. Das Kinderschminken ist natürlich kostenlos.

Eine tolle Erfahrung, die nicht so schnell vergessen wird, ist der Kindergeburtstag im Phantasialand in Brühl. Mindestens zehn Freunde oder Freundinnen bis zu einem Alter von zwölf Jahren sollte das Geburtstagskind zu seiner Party mitbringen. Jeder

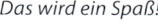
Das wird ein Spaß!

Gast wird je nach Wunsch von einem Gesichtsmaler geschminkt. Als Prinzessin, Fee, Maus oder auch Piraten erkunden sie das Phantasialand.

In Wuze Town wartet ein wunderschön dekorierter Geburtstagstisch auf die Kids. Kleine Überraschungen wie auch leckere Kindermenüs werden schon bald verteilt. Zwischen drei Menüs kann gewählt werden. Eine Riesenschüssel Pommes frites, Ketchup und Mayonnaise, ein Blech Pizza Margherita sowie Chicken Nuggets, Pommes frites mit Ketchup und Mayonnaise stehen zur Wahl. Dazu gibt es eine Zwei-Liter-Karaffe mit Cola, Fanta oder Sprite.

Eine rechtzeitige Anmeldung des Kindergeburtstages ist unbedingt notwendig. Informationen und Reservierungen gibt es unter der Hotline 01805/36 66 00 (14 Cent/Min. aus dem dt. Festnetz; Mobilfunkhöchstpreis 42 Cent/Min.).

Tipp
Geburtstagskinder bis einschließlich zwölf Jahre haben an ihrem Ehrentag freien Eintritt. An der Kasse ist ein amtlicher Nachweis vorzulegen.

5 Aachener Tierpark

Europas Tierwelt erkunden

Der Euregiozoo in Aachen gibt den Besuchern einen Einblick in die Vielfalt der Tierwelt. Über 1000 Tiere in 200 Arten und Rassen sind hier zu Hause. Darunter befinden sich bekannte heimische wie auch exotische Tiere.

■ **Anfahrt:** Mit dem Auto: Über die A 44 oder A 544 und B258 nach Aachen. Mit dem Bus: Bus 41 bis Haltestelle »Zeppelinstraße«.

■ **Öffnungszeiten:** 16. Feb.– 15. Okt. 9–18.30 Uhr, 16. Okt.–15. Nov. 9– 17.30 Uhr, 16. Nov.–15. Feb. 9–16.30 Uhr.

■ **Preise:** Erwachsene: 5 €, Kinder (ab 3 Jahre): 2,50 €.

■ **Altersempfehlung:** Ab 0 Jahre.

■ **Einkehr:** Kiosk am Kinder- bauernhof.

■ **Info:** Aachener Tierpark, Obere Drimbornstr. 44, 52066 Aachen, Tel.: 0241/ 593 85, www.aachener- tierpark.de.

Der Euregiozoo ist unter der Woche und am Wochenende das Ziel vieler Familien. Eine große Tierwelt inmitten des Landschaftsschutzgebietes »Drimborner Wäldchen« lädt zu ausgiebigen Beobachtungen ein. 8,9 Hektar ist das Gelände groß und wird von einem drei Kilometer langen Wegenetz durchzogen.

Auf einem schönen Spaziergang erleben die Familien den Eurasischen Luchs oder auch den Präriehund. Der Brillenpinguin, das Steppenzebra, der Waschbär wie auch das Totenkopfäffchen sind ebenfalls live zu erleben.

Etwa 70 Arten Wasservögel bevölkern die Teiche und den See im Tierpark Aachen. Sehr spannend sind hier die **Fütterungen**. Brillenpinguine erhalten 10.45 und 15.45 Uhr ihr Futter, während die Stachelschweine sich um 14.45 Uhr freuen können. 15.15 Uhr erhalten die Präriehunde im Sommer ihre Nahrung – im Winter halten sie Winterschlaf.

Was die Besucher bei den Zwergottern und Waschbären um 12 Uhr beobachten können, steht bei den Berberaffen um 12.30 Uhr auf dem Plan. Die Nasenbären erhalten dagegen um 14 Uhr ihr Futter. Allerdings kann es vorkommen, dass sich die Fütterungszeiten auch mal aus organisatorischen Gründen verschieben.

Hoch hinaus!

Für Kinder ein besonderer Anziehungspunkt im Euregiozoo ist der **Spielplatz**. Der saubere Spielplatz lädt zu fantasiereichen Spielen ein: Klettern, rutschen und toben sind dort möglich. Nur ungern verlassen ihn die Jungen und Mädchen deshalb wieder.

Während einer **offenen und kostenlosen Führung** erhalten die Besucher lehrreiche Informationen. Zwischen einer oder zwei Stunden dauert eine Führung, die immer ein bestimmtes Thema hat. Am Tierparkeingang kann sich jeder informieren, wann die nächste Führung zu welchem Thema stattfindet. Außerdem werden die entsprechenden Termine in der Tagespresse veröffentlicht.

Neben den Ferienprogrammen veranstaltet der Euregiozoo in Aachen auch **Kindergeburtstage**. Dienstag bis donnerstags kann so richtig gefeiert werden. Maximal zwölf Kinder können teilnehmen, wobei pro vier Spielkinder ein Erwachsener anwesend sein sollte. Die Kosten belaufen sich bei zwölf Kindern und drei Erwachsenen inklusive Eintritt auf 130 €.

Schmackhafte Snacks und Getränke erhalten die Eltern und Kinder von Februar bis Oktober am **Kiosk** am Kinderbauernhof. Auf der Terrasse lassen sich die Besucher Eis oder auch Kuchen munden.

Tipp
Auf dem Kinderbauernhof sind täglich Kinder ab acht Jahren tätig und betreuen zusammen mit Pädagogen die Haustiere. Ponys, Schafe, Kaninchen, Meerschweinchen und Hühner werden gefüttert und ihre Behausungen gepflegt. Eine einmalige Aufnahmegebühr von 15 € und der normale Eintrittspreis von 2,50 € sind zu zahlen. Informationen und Anmeldung direkt beim Kinderbauernhof.

6 Archäologischer Rundweg

Auf den Spuren der Römer

Ein ganz besonderes Ziel ist der Archäologische Rundweg in Bitburg. Auf den Spuren der Römer lernen die Familien viel Wissenswertes aus dieser Epoche dazu. Für eine Fahrradtour ist der Rundweg durchaus auch geeignet.

■ **Anfahrt:** Mit dem Auto: Über die B 51 und B 257 zum Rathausplatz. Alternativ: Vom Bahnhof Bitburg zu Fuß erreichbar.

■ **Preise:** Führung 75 €, ansonsten frei zugänglich.

■ **Altersempfehlung:** Ab 6 Jahre.

■ **Einkehr:** In allen Cafés und Restaurants der Altstadt.

■ **Info:** Tourist-Information Bitburger und Speicherer Land, Römermauer 6, 54634 Bitburg, Tel. 06561/943 40, www.eifel-direkt.de.

Alte Steine mit großer Geschichte

Zu Zeiten der Römer war Bitburg der Marktort Beda. Einst gab es hier auch Tempel und Kolonnaden und sogar einen Turm, von dem mithilfe von Leucht- und Rauchzeichen Nachrichten gesendet wurden. Im 4. Jahrhundert wurde ein Kastell erbaut. Beda, der römerzeitliche Vicus an der Römerstraße Trier–Köln, wurde später zu einem Straßenkastell umgebaut. Heute sind nur noch einige Teile der Stadtmauer und ein Turm erhalten.

Der archäologische Rundweg beginnt am Rathaus der Stadt Bitburg und führt zu allen Mauerresten, die noch sichtbar sind. 16 Stationen können insgesamt von den Spaziergängern erkundet werden. Die Hinweisschilder bei jeder Station vermitteln Näheres zu dem sichtbaren Mauerrest. Ungefähr eine Stunde sollten die Eltern mit ihren Kindern für ihre Wanderung einplanen. Während eines Spazierganges auf dem Rundweg erhalten so die Familienmitglieder interessante Informationen und reisen in die Zeit vor 2000 Jahren. Der 1,5 Kilometer lange Rundweg führt die kleinen und großen Wanderer durch die Altstadt und am Glockenturm vorbei.

Die Tourist-Information Bitburger und Speicherer Land bietet auf Wunsch Führungen auf dem Archäologischen Rundweg an. Die Führung findet im Rahmen einer »Römischen Stadtführung« statt und dauert ca. 1,5

Jupitersäule in Bitburg

Stunden. Das Besondere an der Führung ist der römische Legionär, der Eltern und Kindern die Details zu den Überresten des damaligen römischen Vicus Beda vermittelt. In Rüstung und Römersandalen vermittelt er ihnen Spannendes über die Römerzeit (Kosten pauschal für 5–50 Personen 75 €). Die Sandalen sind auch der Grund, warum die Führung nur bei gutem Wetter stattfinden kann. Eine rechtzeitige Anmeldung unter der Telefonnummer 06561/943 40 ist unbedingt erforderlich. Wer möchte, der kann im Anschluss an einem Römischen Drei-Gänge-Menü (ab 14,60 € pro Person) teilnehmen.

In der Nähe der Kirche befindet sich eine Imitation der Jupitersäule. Originale Teile, die beim Kastell bei Ausgrabungen gefunden wurden, dienten hier als Vorbild. Wer sehen möchte, wie das einstige Kastell aussah, besucht das Rathaus, wo im Foyer ein Modell des römischen Kastells steht. Gerade für Kinder ist das sehr interessant.

Der Archäologische Rundweg ist eingebunden in die Touristische Route »EifelLand & Kultur«.

7 Eifelpark Gondorf

Rasant und gemütlich

In der Nähe von Bitburg befindet sich der Eifelpark Gondorf. Naturschauspiele, Streichelzoo wie auch Shows und Fun können die Familien hier erleben. Ein Besuch im Eifelpark lässt den Alltag schnell vergessen.

Im Geschwindigkeitsrausch

Über eine Fläche von 750 000 Quadratmeter verfügt der Eifelpark Gondorf, wo die Besucher Abenteuer, Shows und Lehrreiches entdecken. Außerdem lädt ein Wildpark zum Verweilen und Spazierengehen ein. Luchse, Bären, Steinböcke wie auch Hirsche werden ausgiebig von den Kindern und ihren Eltern bestaunt. Wölfe und Wildschweine sind weitere Bewohner des Parks. Da lohnt es sich auch, den Fotoapparat einzustecken, um ein paar Momente mit einem Klick festzuhalten. Im Streichelzoo des Wildparks

■ **Anfahrt:** Mit dem Auto: Von Koblenz A 48/A 1/A 60 bis Spangdahlem oder Abfahrt Badem/Gondorf. Ab dort ist der Eifelpark ausgeschildert. Von Köln A 1/B 51/A 60 bis Abfahrt Badem/Gondorf oder Spangdahlem, ab dort ist der Eifelpark ausgeschildert. Mit der Bahn: Bahn bis Bahnhof Philippsheim fahren. Von dort aus führt ein gut ausgebauter Wanderweg zum Eifelpark. Der Fußweg beträgt etwa 35 Minuten.
■ **Öffnungszeiten:** Nur Wildpark: Nov.–April 10–16 Uhr, Wild und Freizeitpark: April–Okt. täglich ab 9.30–17 Uhr (Juli u. Aug. bis 18 Uhr), Fahrattraktionen ab 10 Uhr geöffnet.
■ **Preise:** Erwachsene: 15,50 €, Kinder (3–14 Jahre): 10,- €, Familie (2 Erw. u. 2 Kinder 3–14 Jahre): 43,- €; Wildpark (außerhalb der Saison): Erwachsene: 5 €; Kinder: 4,- €.
■ **Altersempfehlung:** Ab 0 Jahre.
■ **Einkehr:** Im Eifelpark.
■ **Info:** Eifelpark GmbH, Weißstr. 12, 54647 Gondorf, Tel. 06565/95 66 33, www.eifelpark.de.

kommen die Kinder ihren Lieblingen ganz nah. Behutsam streicheln sie die Böcke, Geißen und Zicklein.

Auf ihrer Erkundungstour durch den Eifelpark entdecken die kleinen und großen Besucher auch den Platz der Urzeit, wo sie so manchem Saurier begegnen. Auf dem Waldlehrpfad erhalten sie interessante Informationen zum Lebensraum Wald und an dem Kohlenmeiler mit Kohlenhütte erfahren sie Wissenswertes über die Tätigkeiten eines Köhlers.

Der Spaß kommt im Eifelpark auch nicht zu kurz. Mit dem Eifel-Coaster oder auch dem Eifel-Express verschaffen sich die Besucher einen Überblick über das Parkgelände. So richtig getollt wird dagegen auf dem Hüpfkissen und mit der Achterbahn wird der ultimative Geschwindigkeitsrausch erlebbar. Ihren Spürsinn setzen die Besucher in den zwei Irrgärten ein, während sie es sich im Waldtheater auf ihren Stühlen gemütlich machen, wo ihnen die wohl größte Seifenblase der Welt in Regenbogen-Form mit einer Länge von fast dreizehn Metern gezeigt wird.

Rasant sausen die Kinder wie auch Erwachsenen auf der Wellenrutsche hinunter. Mit dem Fliegenpilz-Kettenkarussell geht es acht Meter hoch in die Luft. Ebenfalls faszinierend ist der Kletterturm. Ein wenig Mut und Selbstbewusstsein sind schon nötig, um sich an dem Turm emporzuwagen.

An der Bergstation befindet sich das Puppentheater, das dreimal am Tag den Vorhang hebt. Märchen und Geschichten bringen die Kleinen zum Lachen. Das Kasperle ist natürlich auch mit von der Partie.

Bärenstarke Tierbeobachtungen

Verschiedene Imbisstationen auf der Berg- und Talstation versüßen den Aufenthalt der Familien. Eis, Snacks, kindgerechte Gerichte und kalte Getränke können erworben werden. Zudem gibt es die Möglichkeit, einen Grillplatz für 20 € (für je 3 Stunden) zu mieten. Der Grillplatz kann unter Tel. 06565/95 66 33 reserviert werden.

Tipp
An der Eintrittskasse können die Familien Bollerwagen (2 €) und Kinderbuggy (ohne Gebühr) ausleihen.

31

8 Waldlehrpfad Trier

Toller Rundweg vom »Haus des Waldes«

Einen informativen Spaziergang unternehmen Eltern und Kinder auf dem Waldlehrpfad in Trier. Wissenswerte Informationen zur hiesigen Pflanzenwelt erhalten sie gratis dazu. Am »Haus des Waldes« beginnt und endet der Waldlehrpfad.

■ **Anfahrt:** Mit dem Auto: Über die A 602 und B 49 sowie B 51 in den Ortsteil Pallien und den Stockradweg auf dem Wanderparkplatz Weisshauswald. Mit den öffentlichen Verkehrsmitteln: Von Trier mit dem Bus bis Haltestelle Pallien, Fachhochschule.

■ **Öffnungszeiten:** Haus des Waldes: Mai–Okt. Fr, Sa, So und Feiertage 14–17 Uhr, Nov.–April Sa, So und Feiertage 14–16 Uhr.

■ **Wegstrecke:** 3,5 km.

■ **Preise:** Frei zugänglich.

■ **Altersempfehlung:** Ab 0 Jahre.

■ **Info:** Tourist-Information Trier Stadt und Land e. V., An der Porta Nigra, 54290 Trier, Tel. 0651/97 80 80, www.trier-info.de.

Lehrreicher Spaziergang

Seit 1985 suchen Erholungssuchende den Waldlehrpfad in Trier auf. Der erlebnisreiche Pfad beginnt am » Haus des Waldes«. Dort befindet sich eine Wiese mit Laub- und Nadelbäumen. Ab hier schlängelt sich der 3,5 Kilometer lange Weg quer durch die Natur. Während ihrer Wanderung nehmen die Entdecker die vielen verschiedenen Baumarten wahr, die sie sogar benennen können. Junge und auch sehr alte Bäume kennzeichnen den Weg. 25 Laub- und Nadelbaumarten wie auch 26 Straucharten wurden mit Namensschildern versehen.

Von 19 Baumarten sind Stammstücke vorhanden, die am »Haus des Waldes« besichtigt werden können. Auch hier wurde auf eine umfassende Beschreibung geachtet. So erhalten die Besucher Informationen zu der jeweiligen Baumart und ihren Eigenschaften.

Interessiert sehen sich die Wanderer die elf Waldbilder an. Auf ihnen wird die Art des Baumes, sein Alter, die Pflege- und Durchforstungsmethode, das Nutzungsalter und Massenleistung aufgezeigt. Außerdem erfahren sie Spannendes zu dem Verkaufswert des Holzes sowie Alter und Höhe von Kiefer, Traubeneiche, Fichte oder Douglasie, die auch **Douglaskiefer** genannt wird. In welcher Art ein Baum Schaden nehmen kann und welche Schutzmaßnahmen getroffen werden, sind weitere Themen auf dem Waldlehrpfad.

Bevor die Familien das Ende des Waldlehrpfades, das sich auch am »Haus des Waldes« befindet, erreichen, durchqueren sie noch das **Wildfreigehege**. Mit ein bisschen Glück können sie hier das eine oder andere Tier beobachten. Neben dem Wildfreigehege befindet sich ein **Spielplatz**, der über zehn Spielgeräte verfügt. So entdecken die Jungen und Mädchen das römische Kastell, einen Turm mit Rutsche, eine Holzwippe mit Schaukeln und die Klettergerüste. Der Sandkasten lockt vor allem die kleinen Kinder an, die vergnügt mit Eimer und Schaufel kleine Bauwerke aus dem Sand zaubern. Auf dem Spielplatz gibt es genügend Bänke, die zu einem Picknick einladen, bevor das nächste Ziel aufgesucht wird. Auf die entsprechende wetterfeste Ausrüstung sollte beim Besuch des Waldlehrpfades geachtet werden. Gerade feste Schuhe sind empfehlenswert.

Noch mehr über Geschichte, Bedeutung und Funktion des Waldes erfahren die Familien im »Haus des Waldes«.

> **Tipp**
> Der **Eifelsteig** ist in direkter Nähe. Der 313 km langer Steig zeichnet sich durch Felsen und bizarre Felsformationen aus. Ein »Muss« für Abenteurer.
> Das **Moselufer** ist ungefähr 500 Meter entfernt. Flanierfreudige kommen voll auf ihre Kosten. Besonders schön – das Zurlaubener Ufer.

Kleiner Käfer ging spazieren.

9 Petrisberg Trier

Ein riesiger Spielplatz

Das ehemalige Landesgartenschaugelände auf dem Petrisberg in Trier wird immer noch vielfältig genutzt. Gerade den kleinen Kindern gefällt es hier sehr. Mehrere sensationelle Spielplätze gibt es zu entdecken.

■ **Anfahrt:** Mit dem Auto: Über die A 602, B 49 und L 144 in die Robert-Schumann-Allee und Behringstraße. Mit dem Bus: Vom Hbf. Trier mit der Buslinie 3 bis Haltestelle »Kohlenstraße«. Dort in die Linie 4 umsteigen.

■ **Öffnungszeiten:** 8.30–22 Uhr.

■ **Preise:** Frei zugänglich.

■ **Altersempfehlung:** Ab 0 Jahre.

■ **Einkehr:** Restaurant und Biergarten des »Jahreszeiten«, Behringstr. 4, 54296 Trier-Petrisberg, Tel. 0651/998 88 81, www.jahreszeiten-trier.de.

■ **Info:** Tourist-Information Trier Stadt und Land e. V., An der Porta Nigra, 54290 Trier, Tel. 0651/97 80 80, www.trier-info.de.

Picknick im Grünen

Die Landesgartenschau in Trier ist schon längst beendet, aber der Reiz des Geländes ist noch nicht vergangen. Gerade für Kinder ist das Gelände am Petrisberg sehr reizvoll, denn die Spielplätze wirken wie Magnete.

In der Nähe des Wasserturms befindet sich der Waldspielplatz. Kinder ab fünf Jahren schaukeln, überwinden die Hängebrücke oder klettern. Vor dem Lottoforum geht es fröhlich zu. Eine Wasser-Spiel-Treppe mit archimedischen Schrauben, Wasserblumen, Pumpen und Wasser- und Schöpfrädern animiert die Kids zu vielfachen Betätigungen. Im Sand-/Matschbereich wird dagegen gebaggert, werden Matschkugeln geformt oder auch eine heftige Matschschlacht ausgetragen.

In direkter Nähe befindet sich ein Spielplatz, der sich durch ein auffallendes Klettergebilde auszeichnet. So außergewöhnlich das Element ist, so sind auch die Spiele, die entwickelt werden. Astronauten steigen in ihre Kapsel und Geologen suchen nach unbekannten Metallen. Hängematte, Kletternetze wie auch eine Röhrenrutsche gibt es zudem zu erleben.

Größere Kinder suchen dagegen die Sportanlagen im Sattelpark. Vier Beachvolleyballfelder sowie eine Streetballanlage sind zu entdecken. Das absolute Highlight ist allerdings der GKN-Skatepark. Skateboarder, Inline-Skater und BMX-Radfahrer treffen sich hier, um zu üben und ihre Kunst zu zeigen.

Ein Sinnespfad neben dem Lottoforum fordert die Familien anderweitig heraus. Augen, Ohren, Füße – hier werden die Sinne geschärft. Wer kann das Gleichgewicht halten? Sind das Kieselsteine oder ist da etwas anderes unter den Füßen? Sieht man das, was man sieht, oder doch nicht?

An der »Spielskulptur Aigner«, die sich am Ende des Pfades befindet, wird dann doch alles klarer. Der Münchner Bildhauer Florian Aigner entwarf das Spielgerät getreu seinem Motto: »Auf meinen Spielgeräten wird Gefahr optisch dargestellt. Das Kind hat ein ständiges Kribbeln im Bauch. Aber in Wahrheit sind die Geräte natürlich nicht gefährlich. Die Kinder sehen die Gefahr und lernen davon.«

Wem das dann doch etwas zu gewagt ist, dem bietet sich auf dem acht Kilometer langen Naturerlebnispfad Petrisberg genügend Erholung. Mit Themen wie »Wasser und Boden« sowie »Wald und Weinbau« setzen sich die Wanderer auseinander. Vom Sattelpark wandern die Familien am Wasserturm vorbei bis zum Waldgebiet rund um das Franzensknüppchen.

Tipp
Regelmäßig finden Veranstaltungen auf dem Gelände statt. Familienfeste, Lichter-GartenFest wie auch Turniere werden organisiert. Die Termine sind einsehbar unter www.petrispark.de.

Matschen und Planschen

10 Freilichtmuseum Roscheider Hof

Reise in die Vergangenheit

Wissenswertes zur ländlichen Kulturgeschichte des Landes Rheinland-Pfalz erfahren die Familien im Freilichtmuseum Roscheider Hof. Bereits 1976 wurde das Freilichtmuseum in der Nähe von Trier gegründet. Das Museum gehört mit zu den größten Volkskundemuseen in Deutschland.

Aktiv im Freilichtmuseum

Wissenswertes und Lehrreiches gibt es im Freilichtmuseum Roscheider Hof in Konz zu erfahren. Hier lässt sich die ländliche Kulturgeschichte des Nordwestens von Rheinland-Pfalz sowie des deutsch-luxemburgisch-lothringischen Dreiländerecks ausgiebig ergründen.

■ **Anfahrt:** Mit dem Auto: Aus Richtung Saarburg über Ayl und Konz-Könen. Über die Saarbrücke bei der zweiten Ampel rechts. Über die Bahnbrücke im Kreisverkehr in die Domänenstraße, dritte Straße rechts und der Beschilderung »Freilichtmuseum« folgen. Mit der Bahn: Zum Hbf. Konz, Bahnhof Konz-West oder Kreuz-Konz und von dort mit dem Taxi zum Freilichtmuseum.

■ **Öffnungszeiten:** Nov.–März 9–17 Uhr; April jeweils Di–Fr 9–18 Uhr, Sa, So u. Feiertage 10–18 Uhr (im Winter bis 17 Uhr, über Weihnachten und Neujahr geschlossen).

■ **Preise:** Kinder (6–14 Jahre): 2 €, Erwachsene: 4 €, Familien:10 €.

■ **Altersempfehlung:** Ab 0 Jahre.

■ **Einkehr:** Im Freilichtmuseum Roscheider Hof.

■ **Info:** Volkskunde- und Freilichtmuseum Roscheider Hof, 54329 Konz, Roscheider Hof 1, Tel. 06501/927 10, www.roscheiderhof.de.

Über etwa 4000 Quadratmeter Ausstellungsfläche verfügt das Hauptausstellungsgebäude – der Vierseithof –, in dem hauptsächlich volkskundliche Ausstellungen stattfinden. Hier gibt es auch das Museumsrestaurant, in dem sich die Familienmitglieder die eine oder andere Leckerei schmecken lassen. Direkt neben der Roscheider Hofschänke, in der auch Kindermenüs auf der Speisekarte stehen, befindet sich ein Spielplatz, auf dem die Kids sich austoben können.

Ein **Waldmuseum**, das sich mit dem Thema »Wald und Waldwirtschaft« beschäftigt, gewährt gleichermaßen faszinierende Einblicke. Besonders spannend für die Kinder sind die Handwerkerstätten, die sich in den Häusern des Hunsrückweilers und des Moseldorfs entdecken lassen. Das Haus Sensemichel, die Schmiede und Stallscheune sowie das Backhaus sind besonders beliebt und werden ausgiebig inspiziert. Ebenso gern nehmen die Jungen und Mädchen das Schulhaus in Augenschein.

Über 22 Hektar Freifläche verfügt das Freilichtmuseum. Zu jeder Jahreszeit ist es lohnenswer, durch die bürgerlichen Rosengärten, Bauerngärten und anderen Anlagen zu streifen. Auch die nach historischen Vorbild angelegten Obstgärten, Getreidefelder und Wege sind einfach nur sehenswert.

Für mehr Hintergrundinformationen ist es lohnenswert, an einer Führung teilzunehmen. Die klassische Führung dauert ca. eine Stunde und kostet 25 €. Sehr amüsant ist die Erlebnisführung, bei der die Führerin in einem historischen Kostüm die kleinen und großen Besucher durch das Freilichtmuseum führt. In dem Führungspreis von 50 € ist auch ein kleiner Umtrunk (Wein, Viez oder Apfelschorle und »Schmier«) enthalten. Spätestens zehn Tage vor dem gewünschten Termin sollte die Führung mit dem Freilichtmuseum vereinbart werden.

Tiefere Einblicke in die damalige Handwerkskunst ermöglichen die Aktionstage. Keltertag, der Bauern- und Handwerkertag, der Kindertag mit vielen Mitmachaktionen wie auch das Rosenblütenfest sind Highlights für die ganze Familie.

Tipp
Von März bis November können Kindergeburtstage gebucht werden. Die Kinder erwartet ein Programm, das eine Kinderführung, Museumsspiele, Essen und Trinken im Haus Sensemichel und ein Museumsprojekt (beispielsweise Stockbrot backen oder Steckenpferde bauen) beinhaltet. Maximal zehn Kinder können an der dreistündigen Party teilnehmen. Der Kindergeburtstag kostet 70 € zuzüglich Museumseintritt und Materialkosten.

11 Erlebnis-Welt ring°werk am Nürburgring

Motorsport-Abenteuer für Kleine und Große

Die Erlebnis-Welt ring°werk des Nürburgringes bringt den Besuchern die faszinierende Welt des Rennsports näher. ring°werk ist ein 15 000 Quadratmeter großer Freizeitpark, in dem sich Motorsportfans und solche, die es werden möchten, dem Geschwindigkeitsrausch hingeben. Mehrere Attraktionen rund um den Motorsport gibt es zu erleben.

■ **Anfahrt:** Mit dem Auto: Über de A 1 bis Autobahnende oder A 61 bis Ausfahrt Wehr. A 48 bis Ausfahrt Ulmen. Mit dem Bus: Bus 859 ab Adenau oder Linie 345 ab Koblenz.

■ **Öffnungszeiten:** Jan.–Dez. jeweils Mo–So 10–18 Uhr.

■ **Preise:** Tagespass: Erwachsene/Jugendliche: 19,50 €, Kinder (5–11 Jahre): 11,- €, Familienkarte (2 Erw. u. 2 Kinder): 55 €; kletter°garten (im ring°boulevard, separat zugänglich): 4,50 €.

■ **Altersempfehlung:** Ab 3 Jahre.

■ **Einkehr:** Restaurant Boxenstopp.

■ **Info:** Nürburgring GmbH, Otto-Flimm-Straße, 53520 Nürburg, Tel. 02691/30 20, www.nuerburgring.de

Boxenstopp

In der Erlebnis-Welt ring°werk des Nürburgringes schlagen so manche Herzen schneller. Hier können sich alle Familienmitglieder ausprobieren und bewähren. Etwa vier Stunden an Zeit sollten allerdings schon mitgebracht werden, um alle Angebote auch wahrzunehmen. Acht Jahrzehnte Motorsport erwartet sie in der **Historischen Ausstellung**. Beeindruckt sehen sie sich um und erfahren die Entwicklung von den Anfängen des Rennsports bis zum heutigen Tag. Im **Erlebniskino** sollte man sich gut festhalten.

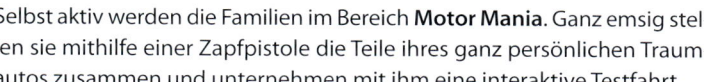

Bei dem rasanten Rennen werden die engen Kurven und die Beschleunigungen gut spürbar. Einen Einblick in den Bau der Nordschleife erhalten die Besucher im **Multi-Media-Theater** »**Grüne Hölle**«. Hier werden zudem die Rennen aus den 1950er und 1960er Jahren näher ergründet, wobei u. a. auch auf den tragischen Unfall von Niki Lauda eingegangen wird.

Selbst aktiv werden die Familien im Bereich **Motor Mania**. Ganz emsig stellen sie mithilfe einer Zapfpistole die Teile ihres ganz persönlichen Traumautos zusammen und unternehmen mit ihm eine interaktive Testfahrt.

Staunend erkunden die Besucher danach das **Testcenter**. Der große begehbare Motor – das Herz eines jeden Autos – gewährt einen Blick in das Innere. Über Mechanik, Effizienz und Sicherheit gibt es dabei auch viel zu lernen.

In dem Bereich »**Formel-1 Grand Prix**« erfahren die Familien, was während eines Rennens hinter den Kulissen vorgeht oder wie die Rennwagen transportiert werden. Die Minis unter den Kindern dürfen auch schon einmal einen Hauch des Fahrgefühls erahnen.

Die »**Nürbus Eifeltour**« ist nichts für Zartbesaitete. Der Panoramabus aus den 1950er Jahren lädt die Besucher zu einer vergnüglichen Fahrt ein. Was am Anfang wie eine gemütliche Fahrt aussieht, entwickelt sich zu einem rasanten Geschwindigkeitsrausch auf der Nordschleife.

Herr über einen großen Lastwagen sind die Familienmitglieder am Steuer eines großen Computers. Die moderne Simulationstechnik macht es möglich und lässt Kinder und Eltern nach überstandener Fahrt wieder unbeschadet »aussteigen«. In der **Akademie** kann dann der Nachwuchs sein Wissen zum Motorsport testen oder auch in der Playstation-Area auf der künstlichen Nordschleife ein Wettrennen starten.

Tipp
Hungrige kleine und große Gäste können im Restaurant »Boxenstopp« einkehren. Der Kinderspielbereich auf zwei Etagen mit Bällen, Rutschen und einer Soft Play Area erfreut sich neben dem leckeren Essen großer Beliebtheit.

Im Formel 1 - Bereich

12 Maria Laach – Laacher See

Rundwanderweg über Teufelskanzel und Kloster

Natur pur erwartet Eltern und Kinder in der Umgebung von Maria Laach. Eindrucksvoll präsentiert sich auch der Laacher See seinen Besuchern. Der Vulkansee befindet sich in direkter Nähe der Abtei Maria Laach.

Das Kloster Maria Laach

■ **Anfahrt:** Mit dem Auto: Über die A 61, Abfahrt Wehr, in Richtung Maria Laach. Mit dem Bus: Busverbindungen von Andernach, Mayen oder Niedermendig.

■ **Öffnungszeiten:** Campingplatz für Besucher: 8–19 Uhr.

■ **Preise:** Für Besucher des Campingplatzes: Kinder 2 €, Erwachsene 4 €.

■ **Altersempfehlung:** Ab 0 Jahre.

■ **Einkehr:** »Blockhaus Laacher See« am Campingplatz.

■ **Info:** Camping Laacher See/L113/Vulkaneifel, 56653 Wassenach (Maria Laach), Tel. 02636/24 85, www.camping-laacher-see.com.

Mit seiner Größe von 3,3 Quadratkilometern ist der Laacher See der größte See im Bundesland Rheinland-Pfalz. Bedrohte Pflanzen- und Vogelarten sind hier noch zu entdecken. Aus diesem Grund ist der Laacher See auch ein Naturschutzgebiet. Als Naherholungsgebiet ist es bei Ausflüglern sehr beliebt. Auf dem Boden des Sees liegt seit dem 29. August 1942 noch das Flugzeugwrack eines britischen viermotorigen Halifaxbombers aus dem Zweiten Weltkrieg. Es heißt, ein zweites Wrack läge in der Nähe des Bootsverleihs.

Der Campingplatz »Laacher See« lädt zu längeren und kurzen Aufenthalten ein. Schwimmen, Angeln oder auch Wassersport ist hier möglich. Minigolfspielen, Radfahren oder auch Wandertouren sind weitere Möglichkeiten, sich zu betätigen.

Besonders eindrucksvoll ist der Wanderweg um den Laacher See. Hier sollten die Familien schon etwas Zeit mitbringen, denn die Strecke beträgt etwa acht Kilometer. Am Maria Laacher Parkplatz beginnt und endet der Rundweg. Es geht über Uferweg, Lydiaturm, Saustiebel, Krufter Ofen, Teufelskanzel und den Fulbert Stollen, bis die Familien schon bald die Klosterkirche Maria Laach erreichen. Unterwegs können sie sich im »Blockhaus Laacher See« am Campingplatz, dem Hotel »Waldfrieden« und in der »Klosterschänke« mit leckeren Speisen und Getränken stärken.

Beim Kloster Maria Laach ist es empfehlenswert, einen Stopp zu machen. Die mittelalterliche Klosteranlage gehört zu den schönsten romanischen Baudenkmälern des Landes. Pfalzgraf Heinrich II. und seine Gemahlin Adelheid gründeten das Kloster, das in den Jahren 1093–1216 erbaut wurde.

In der Informationshalle des Klosters können sich die Besucher einen 20-minütigen Doku-Film über das Kloster ansehen. Ein kleines Kloster-Museum wie auch Wechsel-Ausstellungen rund um Laach sind weitere Angebote. Wer noch Fragen hat, kann sich an den Mönch wenden, der zu den regulären Öffnungszeiten (1. Nov. bis Ostern So und Feiertage 13.45–16.45 Uhr, Mo–Sa 14.30–16.45 Uhr und Ostern bis 31. Okt. jeweils Mo–Sa 9.30–11.15 Uhr, 13.15–16.45 Uhr, So, Feiertage 13.15–16.45 Uhr) in der Halle zu erreichen ist. Der Eintritt ist frei. Weitere Informationen sind unter Tel. Info-Halle: 02652/593 50 oder E-Mail: infohalle@maria-laach.de erhältlich.

Tipp

Lehrreiches zur Erdgeschichte sowie zu Flora und Fauna des Laacher Gebietes erfahren die Familien im Laacher Zentrum für Naturkunde und Mikroskopie. Empfehlenswert ist es, eine Lupe mitzunehmen. Diese kann allerdings auch für 2 € im Museum ausgeliehen werden. (Öffnungszeiten: 1. Nov. bis 30. April Fr 13–17 Uhr, Sa, So 10–17 Uhr, 1. Mai bis 31. Okt. Di–So 10–18 Uhr. Eintritt: Kinder ab 4 Jahre: 2,50 €, Erwachsene: 5 €. Info unter: Laacher Zentrum für Naturkunde und Mikroskopie GmbH, Im Beller Wiesental, 56653 Maria Laach, Tel. 02652/935 45 25, www.museum-laacher-see.de.

Vielfältige Freizeitgestaltung am See

13 Manderscheider Burgen

Auf den Spuren der alten Rittersleut

Für entdeckungsfreudige Familien sind die Manderscheider Burgen empfehlenswert. Die Ruinen befinden sich in direkter Nähe der Eifelstadt Manderscheid. Beide Burgen sind sehr sehenswert.

■ **Anfahrt:** Mit dem Auto: Über die A 1, Abfahrt Manderscheid, oder die A 61. Mit der Bahn: Mit der Bahn bis Gerolstein oder Wittlich, dann weiter mit dem Bus oder der Regiolinie.

■ **Öffnungszeiten:** Niederburg: März–Mai 9.30–17.30 Uhr (Di ist Ruhetag), Juni–Aug. täglich 9–19 Uhr, Sept.–Okt. 9.30–17.30 Uhr (Di ist Ruhetag), Nov.–März nur am Wochenende und je nach Witterung geöffnet.

■ **Preise:** Für Besucher de Niederburg: Kinder (ab 6 Jahre): 1 €, Erwachsene: 2 €.

■ **Altersempfehlung:** Ab 3 Jahre.

■ **Info:** Touristinformation Manderscheid, Grafenstr. 23, 54531 Manderscheid, Tel. 06572/93 26 65, www.manderscheid.de, www.niederburg-manderscheid.de.

Beim Ritterturnier

Idyllisch liegen die Manderscheider Burgen, deren Erkundung sehr reizvoll ist. Aufgrund ihrer Lage und Geschichte waren sie früher ein ständiges Konfliktthema zwischen dem Kurfürstentum Trier und dem Herzogtum Luxemburg.

Beide Burgen können heute besichtigt werden. Während einer **Burgführung** in der Niederburg erfahren Eltern und Kinder vieles zur Geschichte. Nach dem Motto »Wo war was auf der Burg und warum« werden sie nicht mit Jahreszahlen und

Namen konfrontiert, sondern lernen die Anlage und die Handwerkstechniken, die beim Bau angewandt wurden, kennen. Die Niederburg kann auch ohne Führung besichtigt werden. Wie es sich natürlich für eine richtige Burg gehört, rankt sich eine Sage um sie. 1844 wurden Ausbesserungsarbeiten an der Burg vorgenommen. Man stieß auf eine kleine Kammer mit einem Gerippe. Nach Aussage von ein paar Alten aus Manderscheid handelt es sich hier um die Tochter des Grafen, die einen Dienstmann liebte. Das tolerierte ihr Vater nicht, der den Dienstmann tötete und seine Tochter einmauerte. Anscheinend spukte sie jeweils um Mitternacht am alten Wachturm, bis das Gerippe christlich begraben wurde.

Ein ganz besonderes Event findet am letzten Wochenende im August statt. Zum **Historischen Burgenfest** erwacht das Gebiet vor der Niederburg zum Leben. Bunte Gewänder leuchten einem entgegen und auf dem Turnierplatz werden Kämpfe, wie sie in früheren Jahrhunderten stattfanden, ausgetragen. Löwenritter bauen ihre Zelte auf und Bänkelsänger, Gaukler, Jongleure oder Handwerker tragen zum Amüsement bei. Die Fanfaren erklingen, die Lanzen klirren und die Menge johlt!

Immer am ersten Adventswochenende gibt es einen **Weihnachtsmarkt** auf der Niederburg und wer eine besondere Feier plant, der kann den Burgkeller mieten.

Die Oberburg wurde restauriert und ist zu jeder Jahreszeit zugänglich. Der Weg zur Oberburg geht durch den Wald und am Kaisertempel vorbei. Weiter geht es über einen kleinen steilen Pfad mit ein paar Steinstufen, der allerdings nur beschränkt für einen Buggy geeignet ist. Vom Bergfried aus haben die Besucher einen fantastischen Blick auf die Umgebung und vor allem auf die Niederburg. Hier lohnt es sich auch, eine Rast einzulegen und sich ein wenig zu stärken, bevor es wieder abwärts in die Eifelstadt geht.

Die Ober- und die Niederburg

14 Rheinisches Freilichtmuseum Kommern

Die Geschichte des Rheinlands aktiv erkunden

Was das Landleben zwischen dem 15. und dem 19. Jahrhundert kennzeichnete, erfährt man im LVR-Freilichtmuseum Mechernich-Kommern. Im Rheinischen Landesmuseum für Volkskunde können die Besucher viel bestaunen. 65 Gebäude aus den verschiedenen Regionen des Rheinlands werden präsentiert.

Mit der »Musfallskrämerin« aus Neroth

Unter den Gebäuden im Freilicht-museum befinden sich Bauernhöfe, Windmühlen, Werkstätten wie auch dörfliche Gemeinschaftsbauten. Äcker, Gärten und Obstwiesen wurden nach »alten« Vorbildern angelegt. Tiere, wie sie einst das Dorfbild prägten, sind auf dem Gelände des Freilichtmuseums auch zu Hause. Zudem haben Eltern und Kinder die Gelegenheit, alte Handwerks-

■ **Anfahrt:** Mit dem Auto: A 1, Abfahrt Kommern/Wißkirchen, dann den Hinweis-schildern zum Freilichtmuseum folgen. Mit dem Bus: Mit dem Museumsbus (Linie 894, Bedarfsbus, Anruf eine Stunde vor Abfahrt) vom Bahnhof Mechernich zum Frei-lichtmuseum.

■ **Öffnungszeiten:** April–Okt. 9–18 Uhr, Nov.–März 10–16 Uhr, 24. und 31. Dez. 10–14 Uhr, 25./26. Dez. und 1. Jan. 11–17 Uhr.

■ **Preise:** Kinder: Eintritt frei, Erwachsene: 5,50 €.

■ **Altersempfehlung:** Ab 3 Jahre.

■ **Einkehr:** Gastwirtschaft zur Post, Rheinisches Landesmuseum für Volkskunde, Eickser Straße, 53894 Mechernich-Kommern, Tel. 02443/31 43 36.

■ **Info:** LVR-Freilichtmuseum Kommern, Rheinisches Landesmuseum für Volkskunde, Eickser Straße, 53894 Kommern/Rheinland, Tel. 02443/998 00, www.kommern.lvr.de.

techniken kennenzulernen. Besonders amüsant für die Kinder sind die Menschen, die im Freilichtmuseum »leben«. Da gibt es Regine »Jien« Braconnier, »Musfallskrämerin« aus Neroth, oder auch Johann Nepomuk von Schwerz, Agrarökonom der preußischen Regierung, die sich gern auf ein Gespräch mit den kleinen und großen Besuchern einlassen.

Das Rheinische Landesmuseum für Volkskunde verfügt über Ausstellungshallen, in denen die Familien die Ausstellung »WirRheinländer« besuchen können. Diese Ausstellung präsentiert die Geschichte des Rheinlandes von der Besetzung durch die Franzosen im 18. Jahrhundert bis in die 50er Jahre des 20. Jahrhunderts. Zudem finden hier wechselnde Sonderausstellungen statt.

Die Veranstaltungen sorgen ebenfalls dafür, dass das Freilichtmuseum immer gut besucht ist. Neben dem »Historischer Jahrmarkt anno dazumal«, den Kaltblütertagen »Nach der Ernte« und »Advent für alle Sinne« informieren Imker über ihre Tätigkeit. Die Kinder finden es besonders spannend, zu besonderen Terminen dem Schmied, der Korbflechterin oder auch der Bäuerin Anna einmal über die Schulter zu schauen.

Zudem finden **Ferienangebote** statt, bei denen die Kinder basteln, backen oder kochen. Aufgrund der Beliebtheit der Ferienaktionen ist eine rechtzeitige Anmeldung empfehlenswert. Informationen zu den Programmen oder Terminen kann man auf der Webseite des Freilichtmuseums einsehen.

Drei Kindergeburtstagsangebote hält das Museum für die Kinder und ihre Eltern bereit. Gestaffelt nach Altersgruppen sind auch die Inhalte. Während die sechs- bis neunjährigen Kinder historische Spiele spielen und singen, backen die neun- bis zwölfjährigen Brote oder Kekse. Maximal zehn Kinder können an dem **Kindergeburtstag** teilnehmen, der ungefähr drei Stunden dauert. Kindergeburtstage können nur von April bis Oktober gebucht werden und kosten pauschal 55 €. Informationen sind über Tel. 02234/992 15 55 erhältlich.

Tipp

Mit dem Kinderführer »Zubbels Abenteuer in Wiesental« erhalten die Jungen und Mädchen kindgerechte Informationen zum Leben und Arbeiten in der Vergangenheit. Zubbel, ein Hund, der im Dorf Wiesental wohnt, erlebt so manches Abenteuer. Erhältlich ist der Kinderführer im Freilichtmuseum Kommern.

15 Elfengrotte

Auf der Suche nach Feen und Wassergeistern

Ein echter Geheimtipp ist die Elfengrotte bei Bad Bertrich. Ihr Bekanntheitsgrad ist nicht groß, dafür ist der Ort um so schöner. Viele kennen die Elfengrotte auch unter dem Namen Käsegrotte.

■ **Anfahrt:** Mit dem Auto: Über die A 1, B 421 und L 104 oder L 103 nach Bad Bertrich. Mit der Bahn: Bis Bahnhof Bullay, dann weiter mit dem Bus.
■ **Altersempfehlung:** Ab 3 Jahre.
■ **Einkehr:** Alle Lokale in Bad Bertrich.
■ **Info:** Tourist Information Bad Bertrich, Kurfürstenstr. 32, 56864 Bad Bertrich, Tel. 02674/93 22 22, www.bad-bertrich.de.

Die wild-romantische Elfengrotte

An allen Tagen im Jahr ist die Elfengrotte zugänglich. Der vielen unbekannte Ort ist ein wirklicher Geheimtipp. Ihren zweiten Namen »Käsegrotte« verdankt sie ihrem Aussehen. Die Steinformation direkt am Eingang lässt an übereinandergestapelte Käseräder denken.

In einem Seitental der Mosel gelegen, kann man die Grotte nicht sofort entdecken. Das Naturdenkmal befindet sich auf der Georoute bei Bad Bertrich. Einst waren auf dem Gebiet Vulkane aktiv. Die Lava des Kennfuser Lavastroms erkaltete säulenförmig. Bis zu 22 Meter ragt sie über dem Bachbett auf.

Gerade für Kinder ist der Besuch der Elfengrotte faszinierend. Wie ein verwunschener Ort wirkt er auf die Jungen und Mädchen. Der in der Nähe lie-

gende Wasserfall am Elbesbach ist gleichfalls beeindruckend. Lange beobachten die Wanderer den Wasserstrom in der Hoffnung, einen Wasser-
geist oder eine Fee zu erblicken.

Die Elfengrotte kann man sehr schön in eine kleine Wanderung einbezie-
hen. So können die Familien hinter der Bushaltestelle am Kurzentrum in
Bad Bertrich links den Weg in Richtung Kennfus einschlagen. Nach dem
Erreichen der Dachslöcher, einem alten Vulkan, geht es weiter über die
alte Poststraße. Nach ungefähr
200 Metern erreichen die Wanderer die Maischquelle, wo links ein
Weg zum Vulkan Falkenlay führt.
Nach dem Schild Steinzeit-Höhlen
geht es weiter zur Vulkanspitze
und bergab zur Don-Bosco-Hütte
und zur Moselblickstraße bis zur
Abzweigung Facher Höhe. Von der
Tuffgrube spazieren sie weiter an
der Maischquelle entlang und auf
der Landstraße Kennfus Richtung
Elfenmühle. Vor dem Erreichen der
Elfenmühle überqueren die Spaziergänger die Brücke zur Elfengrotte. Über die Elfenmaar-Klinik
in Richtung Diana-Waldfreibad
sowie durch einen Hohlweg geht
es wieder zurück zum Ortskern.

Natürliche Kletterlandschaft

Wer schon einmal in Bad Bertrich ist, der kann gleich noch das **Foto- und
Filmmuseum** aufsuchen. Neben optischen Geräten können in den Ausstellungsräumen, Filmkameras, Film- und Kinoprojektoren wie auch alte
Fotos und Filmplakate begutachtet werden. Die Laterna magica gehört
mit zu den besonderen Ausstellungsobjekten. (Öffnungszeiten des Museums: April bis Oktober Dienstag bis Sonntag 13–18 Uhr geöffnet.
Nähere Informationen unter Foto- und Filmmuseum Bad Bertrich, Kurfürstenstr. 70, 56864 Bad Bertrich, Tel. 02674/91 38 09, www.foto-
filmmuseum.com.)

16 Eifel-Zoo Lünebach

Ein Hauch von Afrika

Etwa 400 Tiere leben im Eifel-Zoo in Pronsfeld-Lünebach. Ganzjährig können Eltern und Kinder sie besuchen und beobachten. Neben den Tieren gibt es noch weitere Attraktionen.

■ **Anfahrt:** Mit dem Auto: Direkt an der B 410 Richtung Arzfeld. Erreichbar über die B 410 B 51, A 1, A 61, A 47 oder A 60.

■ **Öffnungszeiten:** Täglich 9–18 Uhr (im Nov. bis 17 Uhr geöffnet).

■ **Preise:** Kinder (3–12 Jahre): 6 €, Jugendliche/Erwachsene: 8 €.

■ **Altersempfehlung:** Ab 0 Jahre.

■ **Einkehr:** Im Eifel-Zoo.

■ **Info:** Eifel-Zoo, 54597 Pronsfeld/Lünebach, Tel. 06556/816, www.eifel-zoo.de.

Streicheleinheiten für Babyziegen

Ein Kölner Kaufmann, Hans Wallpott, kaufte im Jahr 1965 einige Teile des jetzigen Geländes. Er baute Gehege für Hunde, Esel und ein Wildschwein. Bald schon entwickelte sich aus seinem Hobby Leidenschaft. Nach und nach kamen mehr Tiere auf das Gelände, das nach kurzer Zeit erweitert wurde. Auch die Besucherzahl stieg stetig an.

Heute verfügt der Eifel-Zoo in Pronsfeld-Lünebach über eine Fläche von 30 Hektar und jedes Jahr kommen etwa 70 000 Besucher. Unter den 400 Tieren befinden sich einheimische wie auch exotische Tierarten. Papageien zeigen stolz ihre ganze Farbenpracht, während die Alpakas eine gewisse Anmut ausstrahlen. Nasenbären wie auch Kängurus sind ebenfalls zu sehen. Die Löwen liegen dösig im Gras und genießen die Aufmerksamkeit, die ihnen zuteil wird. Luchse laufen geschwind von einem Platz zum anderen und die Schnee-Eulen wirken ziemlich unbeeindruckt.

Kleine Kinder freuen sich vor allen über die Wasservögel, wie sie gleichmütig im Wasser dümpeln. Ziegen wie auch Stachelschweine und Leoparden werden ebenso interessiert beachtet. Da lohnt es sich auf jeden Fall, die Kamera bereitzuhalten, um den einen oder anderen Augenblick festzuhalten.

Während eines Rundganges durch die grüne Oase beobachten die Besucher nicht nur Tiere, sondern entspannen in der schönen Natur, die die typischen Eigenschaften der Eifel-Landschaft aufweist.

Ein besonderes Angebot, das die kleinen Kinder sehr begeistert, ist die Eifel-Zoo-Bahn. 1,2 Kilometer fährt die kleine Bahn ihre Fahrgäste durch den Eifel-Zoo. Die Kleinen und die Großen staunen sehr, sobald die kleine Bahn das Hirschgehege befährt. Wer mutig genug ist, darf die zahmen Hirsche auch füttern.

Eine weitere Attraktion ist das Minidorf. Die Eifel-Landschaft im Kleinformat begeistert kleine und große Besucher des Eifel-Zoos. Wer möchte, der kann nachzählen – über 30 Gebäude sind in die Landschaft integriert.

Ponyliebe

Sehr idyllisch gelegen ist das Restaurant des Eifel-Zoos. Zu dem gemütlichen Haus gehört auch eine Außenterrasse, auf der die Besucher bei entsprechenden Temperaturen eine Pause einlegen können. Außerdem hat an Sonn- und Feiertagen bei schönem Wetter die Grillstation geöffnet. Gleich nebenan befindet sich der Kinderspielplatz, wo die Kinder sich noch mal so richtig vergnügen, bevor sie den Eifel-Zoo verlassen.

Wer mit dem Auto anreist, freut sich übrigens über die kostenlosen Parkplätze vor dem Eifel-Zoo!

17 Höhenerlebnispfad Raffelsbrand

Nervenkitzel in den Baumwipfeln

Ein Besuch des Höhenerlebnispfades Raffelsbrand wird man nicht so leicht vergessen. Verschiedene Hürden und Aufgaben gilt es zu meistern, wobei bei der Anstrengung auch der Naturgenuss nicht zu kurz kommt. Wer es von den Familienmitgliedern geschafft hat, darf sich über ein gutes Gefühl und ein gestärktes Selbstbewusstsein freuen.

■ **Anfahrt:** Aus Richtung Aachen/Stolberg/Simmerath/Monschau über die B 399, etwa 2 km vor dem Ort Vossenack rechts in den Wald einbiegen.

■ **Öffnungszeiten:** April–Okt. jeweils Sa, So 11–18 Uhr, in den Oster-, Sommer- und Herbstferien in NRW Mo–Fr ab 14 Uhr geöffnet.

■ **Preise:** Kinder (6–9 Jahre): 8 €, Kinder (10–13 Jahre): 10 €, Jugendliche (14–17 Jahre): 12 €, Erwachsene: 18 €.

■ **Altersempfehlung:** Ab 6 Jahre.

■ **Info:** Landesbetrieb Wald und Holz NRW, Regionalforstamt Rureifel-Jülicher Börde, Dirk Lüder, Kirchstr. 2, 52393 Hürtgenwald, Tel. 02429/94 00 41, Mobil: 0171/587 06 71, www.wald-und-holz.nrw.de.

Ein wenig Mut ist schon nötig, um die ersten Schritte auf dem Höhenerlebnispfad Raffelsbrand zu machen. Verschiedene Parcours mit interessanten Elementen vertreiben die Langeweile und sorgen für eine gute Portion an Nervenkitzel bei Jung und Alt.

Mindestens sechs Jahre sollte der jüngste Kletterer sein, wobei die sechs- bis dreizehnjährigen

Klettermanöver im Wald

Kinder von einem Erwachsenen begleitet werden sollten. Wer dann noch eine Mindestgröße von 120 Zentimetern hat, schwindelfrei ist und nicht mehr als 120 Kilogramm auf die Waage bringt, der darf sich ganz auf die kommenden Aufgaben konzentrieren.

Ein Mitarbeiter weist Eltern und Kinder ein. Geduldig erklärt er die Sicherheitsbestimmungen und vermittelt ihnen einige Tricks und Kniffe. Dann geht es am Waldboden los und die Familien dürfen ihre ersten Erlebnis-Elemente zur Einstimmung ausprobieren.

Schon nach kurzer Zeit geht es in luftige Höhen. Mit Gurten und einem Helm ausgerüstet, klettern Eltern und Kinder mehrere Meter über dem Boden. Konzentriert bewegen sich die Kletterer vorwärts und genießen das Gefühl, durch die Baumkronen spazieren zu gehen. Der Höhenerlebnisparcours

Spaziergang in den Baumkronen

weist eine große **Aussichtsplattform** einschließlich Fernglas auf, wo die Kletterer einen Blick in die Ferne genießen können. Andere Plattformen auf dem Höhenerlebnispfad wurden mit Erlebnistafeln und visuellen Einrichtungen ausgestattet.

Für einen Besuch des Höhenerlebnispfades Raffelsbrand sollten die Familien etwa drei Stunden einkalkulieren. Nach der Einweisung beträgt die Kletterzeit etwa 2,5 Stunden.

Empfehlenswert ist es, sich für den Besuch am Wochenende entsprechend anzumelden. Reservierungen und Anmeldungen können bei Herrn Lüder vom Regionalforstamt Rureifel-Jülicher Börde vorgenommen werden (Tel. 02429/94 00 41, Mobil 0171/587 06 71 und per E-Mail: hoehenerlebnispfad@wald-und-holz.nrw.de).

Außerdem können Geburtstagskinder ihren **Kindergeburtstag** in der wunderschönen Naturkulisse feiern. Montags bis freitags werden die Partys für sechs- bis dreizehnjährige Jungen und Mädchen ausgerichtet. Entsprechende Anfragen sind ebenfalls an die Kontaktadresse zu richten.

18 Der Eifeler Milchweg

Mit »Lotte« unterwegs

Sehr abwechslungsreich ist die Wanderung auf dem Eifeler Milchweg. Der Milchweg führt durch den Deutsch-Belgischen Naturpark Hohes Venn. Mithilfe von »Lotte«, der Eifeler Milchkuh, finden die Familien auch den richtigen Weg durch die saftig grüne Landschaft.

■ **Anfahrt:** Mit dem Auto: Über die A 1, B 477 und L 206/L22 nach Kall-Steinfeld. Mit der Bahn: Bis Urft, dann 30 Minuten Fußweg bis Kloster Steinfeld.
■ **Weglänge:** Rund 7,5 km.
■ **Altersempfehlung:** Ab 6 Jahre.
■ **Info:** Nationalpark-Infopunkt Kall im Bahnhofsgebäude, Bahnhofstr. 13, 53925 Kall, Tel. 02241/77 75 45, www.kuhlturlandschaft.de.

Mit »Lotte« auf dem Milchweg

Für die Wanderung auf dem Eifeler Milchweg sollten die Familien schon gut gerüstet sein. Über sieben Kilometer ist der Rundweg lang und gibt einen ausführlichen Einblick in die Landwirtschaft der Region. Unter dem Motto »Milch macht Ku(h)lturlandschaft« wurden an dem Rundweg Schilder angebracht. **Acht Informationstafeln** stehen am Wegesrand und vermitteln den kleinen und großen Wanderern Wissenswertes über die Tätigkeiten und die Rolle der Milchbauern in der Region. Neben der Produktion von Milch erhalten sie beispielsweise die typische Eifeler Kulturlandschaft. Aufgrund ihres Sachverstandes können so seltene Pflanzen und Tiere in der Region erhalten bleiben. Die schwarzbunte Kuh namens Lotte begleitet die Familien auf ihrer Informationsreise. Der Startpunkt und das Ziel ist der **Wanderparkplatz** gegenüber dem Kloster

Steinfeld. Von hier aus führt der Weg ein Stück den Eifelsteig entlang. Zudem passieren die Besucher stressfrei kleine Straßen oder auch Waldwege. Schöne Aussichten unterwegs sind garantiert!

Immer wieder treffen die Familien auf die schwarzbunte Kuh Lotte, die sie über spannende Themen informiert. So beschäftigen sie sich zwischendurch mit dem »Deutsch-Belgischen Naturpark Hohes Venn – Eifel«, dem Thema »Die Milchkuh«, der »Milchwirtschaft in der Eifel«, der »Kulturlandschaft in der Eifel«, dem »Vertragsnaturschutz«, dem Thema »Milch und Milchprodukte« sowie der »Landwirtschaft der Zukunft«. Ganz spielerisch lernen so die Kinder Wissenswertes, während die Eltern ihre Kenntnisse festigen und erweitern können.

Auf festes Schuhwerk während der Wanderung sollte geachtet werden. Ebenso dürfen Getränke und genügend Proviant im Gepäck nicht fehlen.

Verschiedene Regeln müssen auf der Wanderung beachtet werden. Die Eltern sollten z. B. aufpassen, dass die Viehgatter nicht geöffnet oder die Wiesen, Weiden und Ställe nicht betreten werden. Zudem ist das Füttern der Tiere nicht erlaubt und Hunde dürfen nicht auf den Wiesen herumtollen.

2,5 Stunden bei normaler Gehgeschwindigkeit sind nötig, um die Wanderung auf dem Eifeler Milchweg zu meistern. Der Rundweg eignet sich ebenso auch hervorragend für eine Fahrradtour. Wer nicht mit dem Zug anreisen möchte, der kann alternativ per TaxiBusPlus 835 zum Startpunkt kommen. Die Fahrt kann bis 30 Minuten vor Fahrtantritt unter Tel. 01804/15 15 15 angemeldet werden.

»Hallo Lotte!«

19 Wildgehege Hellenthal

Brummige Bären und rasante Falken

Schon die Kleinsten in den Familien haben Spaß im Wildgehege Hellenthal. In den naturnahen Gehegen des Wildparks tummeln sich vorwiegend einheimische Tiere. Ein Besuch ist zu jeder Jahreszeit interessant.

■ **Anfahrt:** Mit dem Auto: An der L 159 zwischen Hellenthal und Schöneseiffen gelegen.
■ **Öffnungszeiten:** März bis Mitte Nov. 9–18 Uhr, Mitte Nov. bis Feb. 10–17 Uhr, Sa, So, Feiertage, Ferien 9–17 Uhr.
■ **Preise:** 1. März–14. Nov. Erwachsene: 8 €, Kinder (4-16 Jahre): 5,50 €, Familien (2 Erw. u. 2 Kinder): 25 €, jedes weitere Kind 4 €. 15. Nov.–28. Feb. Erwachsene: 6 €, Kinder (4–16 Jahre): 4, €.
■ **Altersempfehlung:** Ab 0 Jahre.
■ **Einkehr:** Restaurant »Zum Adler«, »Waldschänke« oder Grillplatz.
■ **Info:** Wildgehege Hellenthal, 53940 Hellenthal, Tel. 02482/22 92, www.wildgehege-hellenthal.de.

Bei ihrem Streifzug durch das Wildgehege Hellenthal sehen Eltern und Kinder eine Vielzahl von bekannten Tieren. In den großen naturnah gestalteten Gehegen leben friedlich Damwild und Schwarzwild nebeneinander. Nicht weit entfernt können die Besucher die Geschmeidigkeit des Luchses bestaunen oder auch den »gemütlichen« und »kuscheligen« Bären.

Es ist zu jeder Jahreszeit sehr spannend, den Wildpark zu besuchen. Im Frühjahr werfen die Hirsche ihr Geweih ab und ab März werden die Frischlinge, Baby-Ziegen, Rotwild- und Luchsbabys willkommen geheißen. Im Sommer dagegen erwartet das Damwild seinen Nachwuchs und die Hirsche haben wieder zur Hälfte ihr Geweih. Im Herbst gibt es dann wieder kleine Frischlinge zu sehen oder die Hirschbrunft beginnt. Für mehr Hintergrundinformationen ist es lohnenswert, an den Fütterungen teilzunehmen. Gerade für Kinder sind die Tierfütterungen immer ein außerordentlich schönes Erlebnis.

Eine wichtige Stellung im Park nimmt die Greifvogelstation ein. Das Wildgehege Hellenthal hat sich mit seinen Nachzuchten von bedrohten Arten überregional einen Namen gemacht. Weißkopfseeadler und Greifvögel wie der Europäischer Seeadler, Sakerfalke, Turmfalke, Luggerfalke, Mäusebussard und Adlerbussard erblicken im Wildgehege das Licht der Welt.

Über 40 Tiere können die Kinder und Eltern in der Luft erleben. Gerade Weißkopfseeadler und Europäische Seeadler mit einer Flügelspannweite von über zwei Metern wirken sehr beeindruckend im Flug. Außerdem fliegen die Jagdfalken rasant über die Köpfe der Besucher. Die Flugvorführungen finden täglich statt. Von April bis Oktober sind die majestätisch aussehenden Vögel um 11 Uhr, 14.30 Uhr und 16 Uhr und von November bis März jeweils um 11 Uhr und 14.30 Uhr zu erleben.

In direkter Nähe des Eingangs befindet sich das Restaurant »Zum Adler«. In dem gemütlichen Gastraum oder auch auf der Außenterrasse lassen sich die Familien die leckeren Speisen schmecken. Spezialitäten vom Grill, Eis, Kindermenüs und Eifeler Spezialitäten zum Mitnehmen können die Besucher an der »Waldschänke« erwerben. Inhaber von Jahreskarten erhalten an der »Waldschänke« zehn Prozent Rabatt auf alle Speisen (außer Eis und Süßwaren) und Getränke. Zudem können an dem Grillplatz nach vorheriger Anmeldung, gegen eine Gebühr von 10 € Steaks oder Würstchen gegrillt werden.

Fun im Wildgehege

Tipp
Hinter die Kulissen sehen das Geburtstagskind und seine Gäste im Rahmen eines Kindergeburtstages. Tierrallyes, ein Quiz, Tierbabys streicheln oder auch Basteltätigkeiten stehen auf dem Programm. Kinder in einem Alter von fünf bis zehn Jahren erleben so vergnügliche drei Stunden inmitten der kleinen und großen Tiere. Bei bis zu zehn Kindern betragen die Kosten für den Kindergeburtstag 100 €. Reservierungen sind unter Tel. 02482/22 92 möglich.

20 Sesselbahn Cochem

Das Moseltal von oben sehen

Die Fahrt mit der Sesselbahn auf den Berg ist ein Abenteuer für die ganze Familie. Sicher und gleichmäßig bringt die Anlage die Passagiere nach oben. Nur wenige, dafür spannende Minuten dauert die Fahrt.

■ **Anfahrt:** Mit dem Auto: Über die A 48 und L 98 nach Cochem. Alternativ: Vom Bahnhof in Cochem zu Fuß ca. 500 Meter.

■ **Öffnungszeiten:** März, Okt., April–Jun. 10–18 Uhr; Juli und Sept. 10–18.30 Uhr, Juli und Aug. 9.30–19 Uhr, Nov. 11–16 Uhr.

■ **Preise:** Berg- oder Talfahrt: Kinder (4–14 Jahre): 1,90 €; Erwachsene: 4,30 €. Berg- und Talfahrt: Kinder (4–14 Jahre): 2,70 €, Erwachsene: 5,80 €, Familien (Eltern u. 2–4 Kinder): 16 €.

■ **Altersempfehlung:** Ab 0 Jahre.

■ **Einkehr:** Terrassen-Café an der Bergstation.

■ **Info:** Cochemer Sesselbahn, Endertstr. 44, 56812 Cochem, Tel. 02671/98 90 65, www.cochemer-sesselbahn.de.

Reichsburg Cochem

Die Stadt Cochem liegt idyllisch an der Mosel. Kleine hübsch gestaltete Häuser stehen entlang des Moselufers und lassen an die Häuserfronten in Italien denken. Nur wenige Meter von der bezaubernden Innenstadt befindet sich die Cochemer Sesselbahn, die einen bequem zu einem der schönsten Aussichtspunkte bringt. In den offenen Doppelsesseln geht es zügig nach oben. Zudem gibt es Kabinen, die nach Bedarf auch geschlossen werden können. Gerade für kleinere Kinder sind diese bevorzugt geeignet.

Mit einer Geschwindigkeit von 0,8 Metern pro Sekunde gleiten die Doppelsessel nach oben. 360 Meter ist die Strecke zur Bergstation lang, wobei insgesamt 155 Höhenmeter bewältigt werden. Kurz vor dem Ende der

Fahrt können die Fahrgäste fotografiert werden. Ein Fotograf, der sich in einer Art Kanzel befindet, bittet die Eltern und Kinder auf Zuruf um ihr Einverständnis. Diese Fotos können dann entsprechend erworben und als Souvenirs nach Hause mitgenommen werden.

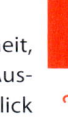

Oben auf dem Berg angekommen haben die Ausflügler die Gelegenheit, das Pinner-Kreuz zu besuchen. Dieses gilt als einer der schönsten Aussichtspunkte von Cochem und bietet einen wundervollen Rundumblick auf Cochem, die Reichsburg und das Moseltal. Ebenfalls an der Bergstation befindet sich das Terrassen-Café, wo die Eltern und Kinder nicht nur die tolle Aussicht genießen, sondern sich auch ein leckeres Stück Kuchen, ein Eis und ein Getränk schmecken lassen.

Die noch nicht müden Wanderer können einen Spaziergang zum Tierpark Klotten oder auch zum Bahnhof Cochem (etwa 30 Minuten) unternehmen. Wer doch lieber wieder zum Fuß des Berges hinab möchte, fährt gemütlich mit der Sesselbahn zurück oder geht auf dem Wanderweg hinunter.

Im Anschluss ist eine Schifffahrt auf der Mosel oder auch der Besuch der **Reichsburg** empfehlenswert. Ungefähr eine halbe Stunde dauert der Fußmarsch auf die Burg. Wer es lieber bequemer mag, der nimmt den Reichsburg-Shuttlebus 781, der am Endertplatz losfährt. Um die Reichsburg ranken sich viele Legenden und es ist lohnenswert, diesen während einer Führung zu lauschen. Von Mitte März bis November finden 40-minütige Führungen zwischen 9 und 17 Uhr statt. Im Winter hat die Burg ebenfalls geöffnet, allerdings finden die Führungen je nach Monat zu unterschiedlichen Zeiten statt. Genaue Informationen sind bei der Reichsburg Cochem GmbH, Schloßstr. 36, 56812 Cochem, Tel. 02671/255, info@reichsburg-cochem.de, www.reichsburg-cochem.de erhältlich.

Tipp
Für Kinder werden auf der Reichsburg Cochem ganz spezielle Führungen angeboten. Geisterführungen mit und ohne Räuberessen sorgen für viel Nervenkitzel bei den Kindern zwischen drei und zehn Jahren. Etwas entspannter geht es bei der **Kinderführung** »interaktiv« zu. Prinzessinnen wie auch Ritter begeben sich auf eine Burgtour und sehen sich das Verlies, den Bergfried wie auch Waffen und Rüstungen an.

Mit der Sesselbahn auf den Berg

21 Römisches Trier

Auf den Spuren der Römer

In Trier wird die römische Vergangenheit wieder lebendig. Viele Stätten als Beweis der Anwesenheit der Römer vor fast zwei Jahrtausenden sind hier noch sichtbar. Diese zu erkunden, macht schon zweijährigen Kindern Spaß.

■ **Anfahrt:** Mit dem Auto: Über die A64 und B51 oder A602 und B49 auf die Nordallee bis zur Porta Nigra. Mit den öffentlichen Verkehrsmitteln: Von Hauptbahnhof Trier nur wenige 100 Meter zu Fuß oder mit dem Bus bis Haltestelle Porta Nigra.

■ **Preise:** AntikenCard Basic: Zwei Römerbauten nach Wahl zzgl. Eintritt in das Rheinische Landesmuseum, 1 Erwachsener u. 4 Kinder: 9 €. AntikenCard Premium: Alle Römerbauten und Eintritt in das Rheinische Landesmuseum: 1 Erw. u. bis 4 Kinder: 14 €.

■ **Altersempfehlung:** Ab 3 Jahre.

■ **Einkehr:** Restaurants und Cafés entlang der Fußgängerzone.

■ **Info:** Tourist-Information Trier Stadt und Land e. V., An der Porta Nigra, 54290 Trier, Tel. 0651/97 80 80, www.trier-info.de.

Die Porta Nigra

Die römische Vergangenheit in Trier ist spürbar. Wer sich in Trier aufhält, kann sich dem historischen Zauber der Stadt nicht entziehen. In der Innenstadt nicht zu verfehlen ist die **Porta Nigra**. Aus dem Lateinischen übersetzt bedeutet es »Schwarzes Tor«. Das einstige römische Stadttor wurde um 180 n. Chr. erbaut. Das heutige Wahrzeichen kann im Rahmen einer römischen Erlebnisführung »Das Geheimnis der Porta Nigra« ausgiebig erkundet werden.

Besonders spannend für Kinder ist das **Amphitheater**. Entstanden ist es ca. 100 n. Chr. Die Arena selber, in der früher die Gladiatoren ihre Schwerter zum Klirren brachten, misst ca. 47,5 mal 71 Meter. 20 000 Zuschauer staunten damals über die mutigen Männer. Der Besuch des Amphitheaters gehörte in der Römerzeit zu den beliebtesten Freizeitbeschäftigungen. Während eines Besuches in der heutigen Zeit können die Eltern und Kinder das gesamte Gelände erforschen. Über den südlichen Eingang kommend, gelangen sie über Treppen zu einer der höchsten Stellen des Theaters und lassen den Blick über die Arena schweifen. Abwärts geht es weiter zu dem Vomitorium, dem Abgang zu den Sitzreihen. Nach einer Erkundung der Arenamauer wird es ganz spannend, denn nun können sich die Familien in den Keller unter die Arena begeben. Wie ein Labyrinth erscheint es auf den ersten Blick. Holzbalken stemmen die Decke, Wasserlachen befinden sich auf dem Boden und zwei ehemalige Brunnen laden zum Tiefblick ein. Im Sommer herrschen hier angenehme Temperaturen. An einer anderen Seite der Arena erreichen die Eltern und Kinder wieder das Tageslicht.

Viele Jungen und Mädchen verschwinden gleich noch zu den Seiteneingänge der Arena auf und ergründen diese genauestens. Kleine Versteckspiele oder auch Fangen lassen sie sich ebenfalls nicht entgehen. Da müssen die Eltern schon sehr genau aufpassen, um den Nachwuchs schnell wiederzufinden. Das Amphitheater hat im Januar, Februar, November und Dezember 9–16 Uhr, im März und Oktober 9–17 Uhr und im April bis September jeweils 9–18 Uhr geöffnet. Erwachsene zahlen 3 € und Kinder 1,50 € Eintritt. Die Familienkarte kostet für zwei Erwachsene und bis vier Kinder 6 €.

Auf römischen Ruinen

Ein weiteres Highlight sind die **Barbarathermen**. Von der Besucherplattform aus können die Familien die Funde und Überreste bewundern. Die Barbaratherme war eine der größten Badeanlagen in der römischen Zeit. Über ein unterirdisches Labyrinth verfügt dagegen die Kaisertherme, die sich in der Nähe des rheinischen Landesmuseums und des Amphitheaters befindet.

Zudem sind die **Thermen am Viehmarkt**, die Klause Kastel oder auch die Römische Villa Otrang einen Besuch wert.

Tipp

Mit dem Römer-Express können ein Teil der Sehenswürdigkeiten bequem von außen bewundert werden. 35 Minuten dauert die Stadtrundfahrt, die an der Porta Nigra beginnt. Der kleine gelbe Zug fährt mit den Familien an den Kaiserthermen, dem Rheinischen Landesmuseum und auch den Thermen am Viehmarkt vorbei.

22 Mosenberg

Kraterrundwege für jede Gelegenheit

Kleine und größere Touren können die Wanderer auf dem Mosenberg unternehmen. Wenige Minuten hinter Manderscheid gelegen befindet sich die Mosenberg-Vulkangruppe. Fünf Schlackenkegel und das Hinkelsmaar zeichnen die Vulkangruppe aus. Diese gehören mit dem Meerfelder Maar zu dem Mosenberg-Meerfelder-Vulkansystem, das etwa drei Kilometer lang ist.

Naturidylle

Sehr interessant ist der Mosenberg für alle Naturfreunde. Auf gut angelegten Wanderwegen können sie das Gebiet des Mosenbergs ausgiebig ergründen und die Naturschönheiten bestaunen.

Für Familien mit kleinen Kindern geeignet ist der innere **Kraterrundweg**. Los geht es am Parkplatz. Mithilfe der gut ausgeschilderten Wege ist es kein Problem, auf der richtigen Route zu bleiben. Etwa 700 Meter ist der Rundweg

■ **Anfahrt:** Mit dem Auto: Von Manderscheid aus L 16 Richtung Bettenfeld zum ausgeschilderten Wanderparkplatz.
■ **Weglänge:** Innerer Kraterrundweg 0,7 km, Äußerer Kraterrundweg 1,8 km, Hinkelsmaarrundweg 1,2 km, Innerer Mosernbergrundweg 3,2 km.
■ **Einkehr:** »Der Postillion«, Kurfürstenstr. 27, 54531 Manderscheid, Tel. 06572/47 07.
■ **Info:** Tourist-Information Manderscheid, Verbandsgemeinde Manderscheid, Grafenstr. 23, 54531 Manderscheid, Tel. 06572/93 26 65, www.manderscheid.de.

lang, wobei der Windsborn-Maar ausgiebig in Augenschein genommen werden kann. Zusätzlich gibt es Verbindungswege, die zum äußeren Kraterrundweg führen.

1,2 Kilometer misst der **Hinkelsmaarrundweg**. Das Hinkelsmaar befindet sich im Norden des Windsborn-Kratersees und ist ein Trockenmaar. Seit 1840 ist das Maar, das eigentlich ein Schichtvulkan ist, trockengelegt. Nur wenn es viel regnet, wird es zeitweise mit Wasser gefüllt. Der Hinkelsmaarrundweg beinhaltet ebenfalls Verbindungswege, die die Spaziergänger zum Ellbachtal oder auch zur Heidsmühle führen.

Ein wenig länger ist der **Äußere Kraterrundweg**. Festes Schuhwerk ist bei dieser Wanderung durchaus angebracht. Auf ihrer Wanderung haben Eltern und Kinder die Gelegenheit, das Windsborn-Maar zu erkunden sowie Bettenfeld wie auch Meerfeld zu besuchen. Der Aussichtsturm ist bei dieser Route ein besonderes Highlight. Mit seinen 517 Metern bietet der den Abenteurern einen wunderschönen Blick auf das romantische Manderscheid. Zudem bieten die Wolfshütte-Wasserfälle ein naturnahes Erlebnis. Der äußere Kraterrunderweg ist etwa 1,8 Kilometer lang.

Ein deutlich längerer Wanderweg ist der **Innere Mosenbergrundweg** mit einer Gesamtlänge von ca. 3,2 Kilometern. Dieser Wanderweg, der ebenfalls wie die vorhergehenden am Parkplatz beginnt, beinhaltet mehrere Highlights wie die Manderscheid Heidsmühle, die Grillhütte, den Ausschichtsturm, die Wolfsschlucht-Wasserfälle, das Windsborn-Maar oder auch Bettenfeld. Ein entsprechend gut gefüllter Rucksack mit leckeren Zwischenmahlzeiten und Getränken sollte für diese Wanderung mitgebracht werden. Eine Kamera zum Festhalten der wunderschönen Landschaft ist ebenfalls empfehlenswert.

Die Wahl fällt schwer

23 Wild- und Erlebnispark Daun

Autosafari mitten in der Eifel

Ein besonderes Erlebnis ist die Autosafari durch den Wild- und Erlebnispark Daun. In direkter Nähe der Eifelstadt Daun kann dieses Naturparadies entdeckt werden. Laub und Nadelwälder, Täler und Berge wie auch kleine Bäche kennzeichnen ihn.

■ **Anfahrt:** Mit dem Auto: Über die A 1 oder A 48, die B 257 oder B 421 nach Daun. Dann B 257 nach Pützborn. Dort am Ortsende links abbiegen.

■ **Öffnungszeiten:** 5. März–15. Nov. täglich 10–18 Uhr. Die Sommerrodelbahn ist bei trockener Witterung im gleichen Zeitraum geöffnet.

■ **Preise:** Erwachsene: 7 €, Kinder (4–15 Jahre): 5 €, Familie (2 Erw. u. 2 Kinder): 22 €; Sommerrodelbahn: Erwachsene 1 Fahrt: 2,50 €; Kinder 1 Fahrt: 1,50 €. Geburtstagskinder erhalten bei Vorlage des Personalausweises freien Eintritt.

■ **Altersempfehlung:** Ab 0 Jahre.

■ **Einkehr:** Café-Restaurant »Waldhaus Hirschberg«. Info: Wild- und Erlebnispark Daun, Mainzerstr. 11, 54550 Daun, Tel. 06592/31 54, www.wildpark-daun.de.

Zarte Berührungen

Acht Kilometer ist die Autowanderstraße im Wild- und Erlebnispark Daun lang. Rechts und links befinden sich die Tiere, wobei verschiedene Tierarten gemeinsam in einem Gebiet leben. Zu einem Stopp laden die sechs ausgeschilderten Tribünen ein, um in Ruhe die Tiere zu beobachten, zu fotografieren oder auch zu füttern. Das Futter darf aber nicht von zu Hause mitgebracht werden – im Tierpark ist geeignetes Futter erhältlich.

Ausgenommen an den Tribünen, sollten die Tiere gar nicht gefüttert werden. Ein Aussteigen unterwegs ist zudem nicht erlaubt, da für die Sicherheit der Besucher nicht garantiert werden kann. »Sus scrofa« bedeutet Schwarzwild und ist neben »Cervus elaphus« (Rotwild) im Tierpark zu sehen. Damwild, Sikawild, Lama wie auch Esel und Wildpferde sind ebenso im Gelände sichtbar. Emus und Bisons sind weitere Bewohner, die sich gern den Besuchern zeigen. Für Kinder sehr vergnüglich ist das Affenfreigehege, in dem sich über 50 Berberaffen frei bewegen können. Ein 800 Meter langer Rundweg lädt die Besucher zu einem Spaziergang durch das Freigehege ein.

Die **Greifvogelstation** ist ein weiteres Highlight. Schleiereule, Uhu, Steppenadler, Adlerbussard, Kappengeier, Harris Hawk, Turmfalke, Sakerfalke, Lannerfalke, Luggerfalke, Wanderfalke und Kolkrabe sind hier zu Hause und zeigen regelmäßig den Besuchern, was sie vom Falkner gelernt haben. Flugvorführungen finden Montag bis Donnerstag und Samstag bis Sonntag bis Ende Oktober um 11 Uhr und um 15 Uhr statt. Ein Streichelzoo – auch Bauernhof der Minitiere genannt – ist im Wild- und Erlebnispark Daun ebenfalls zu entdecken. Hier können die Jungen und Mädchen in Ruhe bekannte Haustiere in einer seltenen Miniform betrachten. Nach dem Streichelzoo ist unbedingt der Besuch des **Abenteuerspielplatzes** angesagt. Eine riesige Kletterburg, ein Tower, wie auch Trampoline und Piratenschiff können erobert werden. Die Eltern haben während der Spielzeit der Kinder die Gelegenheit, gemütlich einen Kaffee auf der Außenterrasse des Restaurants zu genießen. Von dort aus haben sie auch einen freien Blick auf den Spielplatz und können somit ihren Nachwuchs gut im Auge behalten.

Action auf dem Spielplatz

Für den größeren Hunger ist eine Einkehr im Café-Restaurant »Waldhaus Hirschberg« empfehlenswert. Wildragout mit Spätzle und Preiselbeeren, Wildbratwurst mit Pommes oder Kartoffelsalat wie auch Spaghetti Bolognese vertreiben schnell den großen Hunger.

Tipp
Direkt am Eingang des Parks befindet sich das **Natureum**. Hier können sich die Erwachsenen wie auch Kinder bei den Puzzles, Tast- und Ratespielen erproben. Zudem sind Infotafeln vorhanden, die den Familien spannende Zusammenhänge in der Natur näherbringen.

24 Waldpark Eifel

Action, Kunst und Naturerlebnisse

Der Waldpark Eifel gehört zu den größten Kletter- und Hochseilgärten der Eifel. In direkter Nähe des Campingplatzes und des Naturschutzgebietes Irsental bietet er den Familien spannende sportliche Herausforderungen. Für Kinder gibt es spezielle Kinderparcours.

■ **Anfahrt:** Mit dem Auto: Über die A 60 und B 410 nach Irrhausen. Dort der Beschilderung »Campingplatz Irsental« folgen.

■ **Öffnungszeiten:** April–Okt. jeweils Di, Mi, Do, Fr 14–20 Uhr, Sa, So und Feiertage 10–20 Uhr, Ferien 10–20 Uhr.

■ **Preise:** Erwachsene: 18 €, Kinder (ab 110 m bis 13 Jahre): 12 €, Schüler ab 14 Jahre: 14 €, Familien: 38 €, Familien ab 4 Personen: 50 €.

■ **Altersempfehlung:** Ab 4 Jahre.

■ **Einkehr:** In den Restaurants; Natur-Grillplatz.

■ **Info:** Waldpark Eifel Freizeit-Park Irsental, Hauptstraße, 54689 Irrhausen, Tel. 06550/929 68 33, www.waldpark-eifel.de.

Mutprobe

Die Hochseil-Abenteuer-Welt im Waldpark Eifel hält zahlreiche Herausforderungen für alle Familienmitglieder bereit. Nach einer Einweisung in Sicherheit und Technik geht es auch schon los. Neun Parcours an 80 Stationen stehen den Kletterern zur Verfügung. Je nach Schwierigkeitsgrad wurden die Parcours in unterschiedliche Farben aufgeteilt. So gibt es bei dem Parcours Weiß eine Plattformhöhe von 1,20 Meter und bei der Plattformhöhe Gelb eine Plattformhöhe von 2–3 Metern. Bis in eine Höhe von 7,5 Metern geht ist bei dem roten Parcours, während der braune Parcours die Erwachsenen und Kinder bis zu einer Höhe von 9 Metern bringt.

Auf dem über 10 000 Quadratmeter großen Gelände befinden sich auch spezielle Kinderparcours, auf denen sie üben können. Nach der sportlichen Anstrengung toben sie sich auf dem Abenteuerspielplatz gehörig aus. Währenddessen gönnen sich die Eltern eine Pause auf der Waldwipfel-Terrasse oder bereiten ein zünftiges Picknick auf dem Natur-Grillplatz vor.

Tipp
Kinder und Jugendliche bis 14 Jahren haben in Begleitung eines Erwachsenen nach Vorlage des Ausweises freien Eintritt.

Aber der Waldpark Eifel bietet noch mehr als das Abenteuer in der Luft. Kunstinteressierte können sich im Skulpturenpark rund um den Waldpark inspirieren lassen, denn hier präsentiert der Künstler und Bildhauer Peter Weiland seine Werke. Auf Wunsch kann auch eine Führung mit Peter Weiland persönlich vereinbart werden.

Ein Fahrradverleih wie auch eine Bogenschießanlage stehen ebenfalls vor Ort zur Verfügung. Das nötige Equipment für das Bogenschießen kann natürlich ausgeliehen werden. Kleine wie Große schießen auf dem Fußballplatz noch schnell ein Tor, bevor sie die Natur-Kegelbahn ausprobieren. Zudem wird der Volleyballplatz gern genutzt. Wer von den Abenteurern Lust hat, kann sogar an den Turnieren teilnehmen.

Wanderwege rund um den Waldpark laden die Naturfreunde zum Wandern ein, während die Angler den Stausee bevorzugen. Sollte es mit dem Fischfang nicht geklappt haben, entschädigt der Tanz der bunten Schmetterlinge.

Leckere Gerichte zu familienfreundlichen Preisen lassen sich die Familien in den Restaurants des Waldparks Eifel schmecken. Neben Gulasch mit Nudeln stehen auch Hausgemachter Bohnenschlupp, Weizenknödel mit Speck und Pflaumen wie auch überbackenes Putenschnitzel mit Ananas, Käse und Basmati-Reis auf der Karte.

Sportliche Herausforderung

25 Wintersport
Viel Spaß auf Schnee und Eis

Sobald der Winter in der Eifel Einzug gehalten hat, bietet sich den Wintersportfans eine ganze Palette von Angeboten. Rodeln, Langlaufen oder Skifahren stehen zur Auswahl. Schlittschuhläufer finden ebenfalls tolle Möglichkeiten.

Winterfreuden

Wintersportgebiete

■ **Wolfsschlucht in Prüm**
Das Sportgebiet befindet sich etwa drei Kilometer nordwestlich von Prüm und ist mit einer 600 Meter langen Abfahrtpiste und einem Skischlepplift ausgestattet. Zwei Schneekanonen sorgen für eine tolle Schneedecke. Weiterhin gibt es beschilderte und gespurte Langlaufloipen zu entdecken. Infos unter **Schneetelefon** 06551/505 oder www.sk-pruem.de.
Anfahrt: Von Prüm über die B 265 Richtung Gondenbrett.

■ **Wintersportgebiet »Schwarzer Mann«**
Zwei Abfahrtpisten mit einer Länge von 700 Metern bzw. 800 Metern, zwei Skilifte, eine Naturrodelbahn, die etwa 450 Meter lang ist, und eine Kinderrodelbahn sind hier die Attraktionen. Rodlern steht außerdem ein Rodellift zur Ver-

fügung. Etwa 9,5 Kilometer lang sind die beschilderten und gespurten Langlaufloipen. Skiverleih vorhanden. **Schneetelefon:** 06551/44 22.
Anfahrt: Von Prüm über die L 17 nach Sellenich.

■ »Ferienregion Oberes Kylltal/Vulkaneifel«

Ein perfektes Gebiet für Langläufer! Mehrere Loipen können ausprobiert werden: die sieben Kilometer lange Langlaufloipe mit Start und Ziel beim Haus Schieferstein in Dahlem; ab dem Tennisplatz Dahlem eine 4,5 Kilometer lange Loipe; ab Ferienpark Kronenburger See die sechs Kilometer lange Loipe sowie die acht Kilometer lange Loipe ab Stadtkyll. **Schneetelefon:** 06597/28 78.
Anfahrt: Über die A 1 und B 51 oder B 421 nach Dahlem und Stadtkyll.

■ »Weißer Stein« bei Udenbreth

Wintersportler fühlen sich hier rundum gut aufgehoben. Spaziergänger können die Winterluft auf dem zwei Kilometer langen Winterwanderweg genießen, während die Fahrer eine 550 Meter lange Piste hinunterzischen oder die Rodler den Rodelhang ausprobieren. Für Langläufer gibt es 12 Kilometer gespurte Loipen. **Schneetelefon:** 02482/852 00.
Anfahrt: Über die A 1, B 51, L 110 aus Richtung Köln.

■ Wintersportgebiet »Hollerath«

Eine gespurte Loipe, eine rund 150 Meter lange Rodelbahn wie auch ein zwei Kilometer langer Winterwanderweg zieht die Familien an. In Hollerath kann das entsprechende Equipment ausgeliehen werden. **Schneetelefon:** 02482/852 00.
Anfahrt: Mit dem Auto über A 1, B 266, B 265 aus Richtung Köln.

■ Wintersportgebiet Monschau

Neben Liften und Loipen verfügt das Wintersportgebiet über eine Skischule, die einem die richtige Technik beim Skifahren lehrt. Der Rodelhang mit Kinderlift wie auch vier Skilifte, die sich an den Steilhängen befinden, sind weitere Attraktionen.
Anfahrt: Über die B 258 nach Monschau-Rohren.

Rodelspaß

67

Baby on Tour

■ Wintersportgebiet »Michelsberg«

Skifahrer wie auch Rodler erleben am Michelsberg vergnügliche Stunden. Winterwanderer können dagegen ausgedehnte Spaziergänge machen.

Anfahrt: Über die A 1 oder A 61 und B 51 nach Bad Münstereifel.

■ Blankenheim-Nonnenbach

Skilangläufer können sich ab dem Waldcafé Maus sportlich auf einer präparierten Strecke betätigen. Ein Rodelhang für Kinder befindet sich neben dem Haus und ein paar Minuten entfernt ein Hang zum Rodeln für Erwachsene.

Anfahrt: Über die A 1 und B 51 nach Blankenheim. Dort weiter nach Nonnenbach.

■ Wintersport in Nettersheim

Über acht Kilometer ist der Skirundwanderweg zwischen Nettersheim und Marmagen lang. Außerdem befindet sich ein gut besuchter Rodelhang am westlichen Ortsrand von Nettersheim-Marmagen.

Anfahrt: In der Nähe der »Görresburg« bzw. der Bahnlinie.

■ Wintersport um Daun

Eine 450 Meter lange Piste befindet sich am Mäuseberg bei Daun. Der Lift ist täglich bis 21 Uhr geöffnet. Zudem gibt es drei Loipen jeden Schwierigkeitsgrades am Ernstberg.

Anfahrt: Von Daun aus Richtung Schalkenmehren zum Mäuseberg Richtung Kirchweiler zum Ernstberg.

Eislaufen

■ Eissporthalle und Fun Park Bitburg

Während des Winters ist die Eissporthalle ein Mekka für Schlittschuhfahrer. Ab Mai verwandelt sie sich in einen Funpark mit Trampolin, Kicker, Tischtennis, Punchingball sowie Basket- oder Streetball. Schlittschuhe können vor Ort ausgeliehen werden.

Info: Eissporthalle und Fun Park Bitburg, 54634 Bitburg, Tel. 06561/84 47, www.eissporthalle-bitburg.de.

■ Tivoli Eissport- und Squashhallen

Eisprinzessinnen und Eisprinzen finden bei Tivoli geeignete Bedingungen, um sich im Eislauf, Eiskunstlauf, Eistanz oder Eishockey zu üben. Zudem sind im Gebäude Inlineskating, Inlinehockey, Squash, Tischtennis, Ausdauer- und Kraftsporttraining sowie Aerobic möglich.

Info: Tivoli Eissport- und Squashhallen Aachen, 52070 Aachen, Tel. 0241/ 93 67 87 77, www.tivoli-eissporthalle.de.

■ Eissporthalle Diez

Eine 30 mal 60 Meter große Eisfläche lädt die Familien während der Saison zum Skaten ein. Eisstockschießen oder Schlägerlauf sind auch möglich. Hockeyschuhe und auch Schlittschuhe können ausgeliehen werden. Für die Kleinsten gibt es Laufhilfen.

Info: Eissporthalle Diez, Am Hallenbad 4, 65582 Diez, Tel. 06432/622 31, www.eissportdiez.de.

■ Icehouse Neuwied

Ab Oktober öffnet das Icehouse für die kleinen und großen Eisläufer. Nachdem die Kinder und Eltern lustige Kringel aufs Eis gezaubert haben, können sie sich im Bistro mit Snacks und warmen Getränken stärken.

Info: Icehouse Neuwied, Andernacher Str. 111, 56564 Neuwied, Tel. 02631/ 289 72, www.icehouse-neuwied.de

»Uuups – aber der Schnee ist weich!«

Abenteuer drinnen

Experimentieren im
Erlebniszentrum

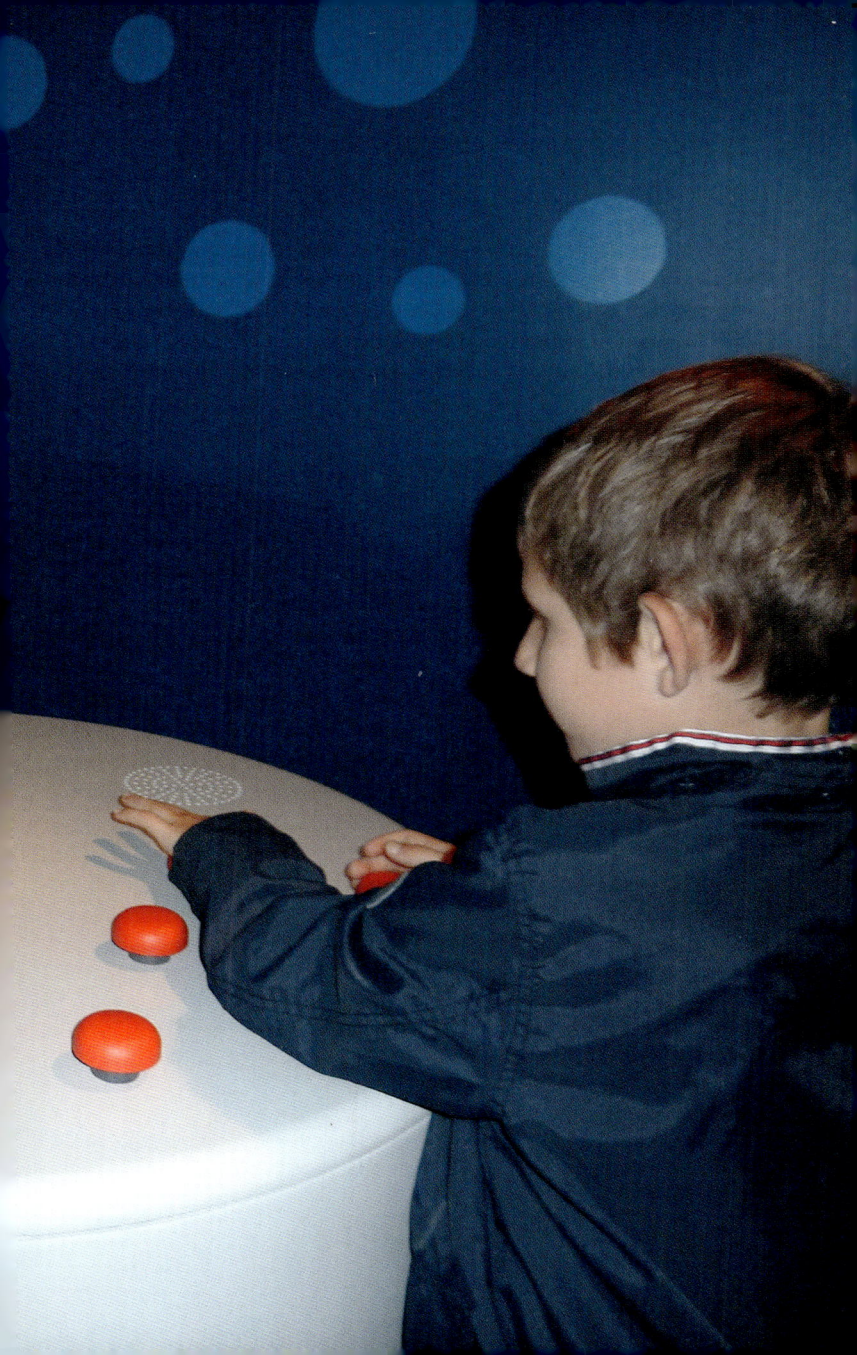

26 Besucherbergwerk Fell

Forschungstouren über und unter Tage

Zwischen Fell und Thomm befindet sich das Besucherbergwerk Barbara-Hoffnung. Zwei übereinanderliegende Dachschiefergruben »Barbara« und »Hoffnung« kennzeichnen das originale Schieferbergwerk. Beide Bergwerke, die über einen 100 Meter langen Treppengang verbunden sind, stammen aus dem 20. Jahrhundert.

Führung im Bergwerk

Etwa eine Stunde lang erkunden Eltern und Kinder das Besucherbergwerk. Bevor es aber losgeht, erhalten die Familien geeignete Schutzausrüstung. Mit **Schutzbekleidung** und **Helm** ausgerüstet, folgen sie nun dem sachkundigen Führer unter Tage. Im Rahmen der Führung werden die Besucher Stollen und Abbaukammern erkunden. Etwa 450 Meter können befahren werden. In den Abbaukammern wird der Bergbau besonders an-

---

■ **Anfahrt:** Mit dem Auto: Aus Richtung Trier am Autobahndreieck »Moseltal« die Ausfahrt »Longuich/Fell«. In Fell Richtung Thomm. Mit der Bahn: An Wochenenden und Feiertagen ab Hbf. Trier mit dem »Schiefer-Express«.

■ **Öffnungszeiten:** 1. April bis 31. Okt. Mo–So 10–18 Uhr; Einlass jede halbe Stunde/letzter Einlass 17 Uhr. Größere Gruppen wie Schulen und Vereine bitte anmelden.

■ **Preise:** Kinder unter 6 Jahren frei, Kinder/Jugendliche (6–16 Jahre): 3,25 €, Erwachsene: 5 €, Gruppenermäßigungen auf Anfrage.

■ **Altersempfehlung:** Ab 4 Jahre.

■ **Einkehr:** Gruben-Imbiss mit Terrasse.

■ **Info:** Besucherbergwerk Fell, Kirchstr. 43, 54341 Fell; Gemeinde Fell/Besucherbergwerk Fell, Tel. 06502/98 85 88 (1.4.–31.10), Tel. 06502/99 40 19 (1.11.–31.3.), www.besucherbergwerk-fell.de.

schaulich präsentiert. Bergmannsfiguren zeigen, wie gefährlich die damalige Arbeit in den Stollen war. Sogar die Kinder können sich ein Bild von der harten Tätigkeit bei der ehemaligen Gewinnung von Schiefer in den Jahrhunderten vom Mittelalter bis ins 20. Jahrhundert machen.

Für eine Führung muss man sich nicht vorher anmelden. Alle 15 Minuten findet die Führung »unter Tage« statt; die letzte Führung startet um 17 Uhr.

Außerhalb des Besucherbergwerks gibt es den Grubenwanderweg. Der Lehrpfad mit seinen 18 Stationen über den Schieferbergbau verläuft durch das Nosserntal. Während eines gemütlichen Spazierganges können sich die Familien die terrassenförmigen Halden oder auch alte Förderwagen ansehen. **Leinpfade**, die früher dem Transport von Schiefer dienten, wie auch Stollenmundlöcher sind ebenfalls sichtbar. Für Bergleute damals ganz wichtig war die Schutzpatronin »Heilige Barbara«. Auch von ihr gibt es Bildnisse auf dem Lehrpfad zu bestaunen.

Vor dem Besucherbergwerk können die Familien das Bergwerksmuseum besuchen. Unter dem Motto »**Stein und Wein**« stehen dort seltene Exponate aus Schieferbergbau und Weinbau. Bergwerkswerkzeug wie das »Gezähe«, Pickel und Keilhauen oder auch Schieferhämmer, Schutzhelme und Grubenlampen können eingehend betrachtet werden. Entspannt sehen sich die Besucher zudem den Videofilm über den modernen Schieferbergbau in Mitteleuropa und die Statue der »Heiligen Barbara« an.

Eine kindgerechte Führung ist im Rahmen eines Kindergeburtstages möglich. Was Kinderarbeit bedeutete, was »Katzengold« ist oder wie sich die Bergleute ernährt haben, sind Themen auf der Veranstaltung. Ein kleiner Imbiss ist ebenfalls in dem Preis von 9 € pro Person enthalten. Mindestens zehn Personen sollten teilnehmen. Darüber hinaus werden auch noch andere Angebote für den Inhalt des Kindergeburtstages vom Besucherbergwerk Fell angeboten.

Pommes frites, Bratwurst, Gulasch und dazu einen Saft, Kaffee oder Tee lassen sich die Eltern und Kinder beim Gruben-Imbiss schmecken. Das eine oder andere kleine Souvenir ist im angeschlossenen Gruben-Shop erhältlich.

Tipp
Jeder 1000. Besucher sowie alle »Schnapszahlen« werden mit »Stein und Wein« überrascht.

27 Museum Zitadelle Jülich

Anschauliche Festungsgeschichte

Schon von Weitem sieht die Zitadelle Jülich prächtig aus. Die Festung gehört zu der besterhaltenen Festung der frühen Neuzeit. Ein Besuch des Museums, das sich in der Festung befindet, wie auch ein Spaziergang im Außengelände geben über ihre Geschichte Auskunft.

■ **Anfahrt:** Mit dem Auto: Über die A 44, Abfahrt Jülich oder A 61 und B 55. Mit der Bahn: Von Düren mit der DKB Richtung Jülich/Linnich bis Bahnhof Jülich.

■ **Öffnungszeiten:** April–Okt. jeweils Mo–Fr 14–17 Uhr, Sa, So u. Feiertage 11–18 Uhr (Karfreitag geschlossen); Nov.–März jeweils Sa 14–17 Uhr, So 11–17 Uhr (Feiertag geschlossen).

■ **Preise:** Erwachsene: 4 €, Schüler: 3 €, Familien: 6 €. Kinder bis zehn Jahre haben freien Eintritt.

■ **Altersempfehlung:** Ab 6 Jahre.

■ **Info:** Museum Zitadelle Jülich, Schlossstraße, 52411 Jülich, Tel. 02461/93 76 80, www.juelich.de/museum.

In der Jülicher Zitadelle erhalten Eltern und Kinder viele Informationen zu deren Geschichte und Nutzung. Der italienische Architekt Alessandro Pasqualini baute im 16. Jahrhundert das heutige Landesdenkmal. Beauftragt wurde er von Herzog Wilhelm V. von Jülich-Kleve-Berg.

Hintergrundwissen zur Festung erfahren

Besonders eindrucksvoll wird das bei dem Besuch der Museumsbastion mit dem Pulvermagazin und den Kasematten. Im Pulvermagazin bewundern die Familien die Werke des Landschaftsmalers Johann Wilhelm Schirmer, der 1807 in Jülich geboren wurde. Weiterhin ist das zehn Quadratmeter große Modell ein bedeutendes Exponat. Es zeigt die Festung, wie sie von den Franzosen ausgebaut werden sollte.

Im Südostturm gibt es etwa 100 Objekte zu bestaunen. Von der Urzeit bis zum Zweiten Weltkrieg verdeutlichen sie die Entwicklung des Gebietes und der Menschen. In den Kellergewölben erfahren die Familien

Spannendes zur Geschichte der Zitadelle, wie beispielsweise zur Baugeschichte, zur Belagerung im 17. Jahrhundert und zur Restaurierung. Inhalte wie der Hof und seine Herrschaft oder die Tischkultur des 16. Jahrhunderts sind weitere Themen.

Öffentliche Führung in der Zitadelle

Für mehr Hintergrundwissen können die Familien an einer **öffentlichen Führung** teilnehmen. Von April bis Oktober findet jeweils um 11 Uhr eine Führung durch das Museum und die Sonderausstellung statt. Treffpunkt ist am Info-Pavillon. Die Führung dauert ca. 1,5 Stunden und ist gratis. Eine Anmeldung ist nicht notwendig. Ebenfalls von April bis Oktober haben die Familien die Möglichkeit, an dem Großen Kasemattenrundgang teilzunehmen. Jeden Sonntag um 15 Uhr startet die kostenlose Führung.

Für Kinder werden interessante **Kindergeburtstage** durch das Museum Zitadelle organisiert. Das Stadtgeschichtliche Museum vermittelt während einer Führung auch den Kindern Wissenswertes, ohne dass der Spaß zu kurz kommt. Ganz individuell wird das Programm nach den Wünschen der Familien zusammengestellt. Eine Stunde kostet 20 €, wobei noch eine einmalige Grundgebühr von 20 € fällig wird. Im Museumsbüro (Kleine Rurstr. 20, 52428 Jülich) kann man sich über weitere Möglichkeiten informieren und einen Kindergeburtstag buchen.

Tipp

Neben den Sonderausstellungen im Museum Zitadelle Jülich finden jeden Monat interessante Veranstaltungen statt. Vorträge oder Führungen zu speziellen Themen ziehen immer wieder viele Besucher an. Eine besondere Veranstaltung ist die »Europäische Fledermausnacht«. Hier können die Familien an Führungen zu den Sommer- und Winterlebensräumen der Fledermäuse in der Zitadelle teilnehmen, sich ausgiebig über die Fledermäuse informieren oder auch die Jagdgebiete besuchen. Für Kinder gibt es separate Fledermausführungen, Spiel-, Mal- und Bastelaktionen wie auch Führungen durch die Festung und das Museum.

28 Industriemuseum Euskirchen
Von der Wolle bis zum Stoff

Das Industriemuseum Euskirchen gewährt den Besuchern einen Einblick in die industrielle Entwicklung des letzten Jahrhunderts. Es ist in der Tuchfabrik Müller angesiedelt. Hier hat sich in den ganzen Jahren nicht viel verändert und die Vergangenheit ist immer noch erlebbar.

■ **Anfahrt:** Mit dem Auto: Von den Autobahnausfahrten der A 1 bzw. der A 61 in Richtung Euskirchen, dann der Beschilderung folgen. Mit der Bahn: Vom Bahnhof Euskirchen-Kuchenheim (Bahnlinie von Bonn) und vom Bahnhof Euskirchen (Bahnlinie von Köln).
■ **Öffnungszeiten:** Di–Fr 10–17 Uhr, Sa u. So 11–18 Uhr.
■ **Preise:** Eintritt und öffentliche Führung: Erwachsene 7 €, Kinder bis 18 Jahre haben freien Eintritt.
■ **Altersempfehlung:** Ab 5 Jahre.
■ **Einkehr:** Im Museumscafé.
■ **Info:** LVR-Industriemuseum, Tuchfabrik Müller, Carl-Koenen-Straße, 53881 Euskirchen, Tel. 02234/992 15 55 (Mo–Fr 8–18 Uhr; Sa, So u. Feiertage 10–15 Uhr), www.industriemuseum.lvr.de

Bunte Eiermützen

Die Euskirchener Tuchfabrik Ludwig Müller wurde im Jahr 1894 gegründet. In den Gebäuden der einstigen Papiermühle in Kuchenheim wurde u. a. Kleidung produziert, darunter waren auch militärische Uniformen. Gegen 1961 blieben die Aufträge aus und der Fabrikant schloss die Fabrik. Aber er hoffte dennoch auf bessere Zeiten und ließ somit die Maschinen an ihrem Platz. 1991 übernahm der Landschaftsverband Rheinland die Fabrik und ließ alle Maschinen restaurieren und in Betrieb nehmen.

Jetzt können die kleinen und großen Besucher während einer Führung in der Tuchfabrik sehen, wie aus Wolle Tuch gefertigt wird. Außerdem sehen sie zu, wie Wolle gekämmt wird, Fäden aus den Spinnmaschinen produziert werden oder wie die Webstühle ihren Dienst verrichten. Kleine Filme und Modelle veranschaulichen die damalige Fabrikwelt. Ebenfalls sehr interessant sind die kurzen Interviews der damals Beschäftigten. **Die Führungen durch die historische Tuchfabrik** finden jeweils von Dienstag bis Samstag um 11, 14 und 15.30 Uhr und sonntags um 11, 12, 13, 14, 15 und 16 Uhr statt.

Ohne Führung zu besichtigen sind das alte Kontor, das Farb- und Tuchlager und das Wohnhaus. In dem Wohnhaus können die Familien die Ausstellungen zur Tuchindustrie im Rheinland und zur Geschichte der Familie Müller erkunden oder die Dauerausstellung im Museumsneubau »Vom Rohstoff zur Kleidung« besuchen.

> **Tipp**
> Mit frisch gebackenen Waffeln und leckeren Kuchen verwöhnt das Museumscafé am Sonntag von 12.30–18 Uhr die Familien. Zu den anderen Öffnungszeiten gibt es kleine Snacks und Kaffee an den Automaten.

Sehr spektakulär sind die **Kindergeburtstage**. Verschiedene Angebote warten auf Eltern und Kinder. Unter dem Titel »Vom Schaf zum Mantel – wie unsere Kleidung entsteht« unternehmen die Kinder ab fünf Jahren eine Führung oder produzieren unter dem Kindergeburtstags-Titel »Filzen mit weichem Wollvlies und farbigen Wollflocken« Bilder, Bälle und andere Gegenstände. Kinder ab sechs Jahren drucken an einer Fantasie-Maschine auf Papier oder Stoff. Kinder ab acht Jahren betätigen sich als Heizer an den Modell-Dampfmaschinen oder erkunden ausgerüstet mit Lupe und Gummistiefeln den Erftmühlenbach. Noch ältere Jungen und Mädchen dürfen sich beim Färben ausprobieren oder üben mit Federhalter, Feder und Kopiertinte das Schreiben der »Alten Schrift«.

Maximal zehn Kinder können an einem solchen Kindergeburtstag teilnehmen. Die Kosten für einen Kindergeburtstag mit zehn Kindern kostet bei zwei Stunden 60 € und bei drei Stunden 80 €. Zwei Erwachsene sind in dem Betrag inklusive. Unter der Tel. 02234/992 15 55 oder per E-Mail: info@kulturinfo-rheinland.de erhält man ausführliche Informationen und kann zudem eine Buchung vornehmen.

Dampfmädels

29 Max-Ernst-Museum Brühl

Kinder-Rallye durch den Dadaismus

Seit dem Jahr 2005 ist das Max-Ernst-Museum in Brühl für Besucher zugänglich. Max Ernst, der 1891 in Brühl geboren wurde, hat sich einen Namen als Grafiker, Bildhauer und Maler gemacht. Als Sohn des Taubstummenlehrers Philipp Ernst und seiner Frau Luise bekam er den ersten Zugang zur Malerei durch seinen Vater. Schon während seines Studiums der Philosophie, Psychologie und Kunstgeschichte beschloss er, sich der Malerei zu widmen, und beteiligte sich an der Ausstellung »Rheinische Expressionisten« in Bonn.

■ **Anfahrt:** Mit dem Auto: A 4, A 59, A 553, A 555. Mit der Bahn: Straßenbahnlinie 18, Haltestelle »Brühl Nord« oder »Brühl Mitte«, dann 10 Min. Fußweg.

■ **Öffnungszeiten:** Di– So 11–18 Uhr, 1. Donnerstag im Monat 11–21 Uhr.

■ **Preise:** Erwachsene: 5 €, Schüler mit Ausweis: 3 €, Familienkarte: 10 € (Kinder haben freien Eintritt).

■ **Altersempfehlung:** Ab 5 Jahre.

■ **Info:** Max-Ernst-Museum, Comesstr. 42/Max-Ernst-Allee 1, 50321 Brühl (Rheinland), www.maxernstmuseum.lvr.de. Reservierungen für Führungen und Workshops: kulturinfo rheinland, Tel. 02234/992 15 55, www.kulturinfo-rheinland.de.

Im Max-Ernst-Museum in Brühl können sich die Familien umfangreich über das Schaffen des Künstlers informieren. Max Ernst gehört zu den wichtigsten Vertretern des Dadaismus und Surrealismus im 20. Jahrhundert. Eine großartige Sammlung erwartet die Besucher. Beeindruckt stehen sie vor den Skulpturen, die aus dem Privatbesitz stammen. Insgesamt sind es 60 Stück, die im Museum präsentiert werden. Grafische Werke und 3-D-Paintings wie auch Liebesbilder, die er seiner Dorothea schenkte, laden zum Staunen ein.

An der Museumskasse gibt es für Kinder ab einem Alter von sechs Jahren kostenlos einen Fragebogen. Mit diesem Fragebogen lernen sie den Künstler und seine Werke strukturierter kennen. Im Anschluss an die **Kinder-Rallye** können sie ihren Eltern erzählen, wer Loplop ist oder aus welchen Materialien »Capricorn« besteht.

Regelmäßig finden Führungen durch das Max-Ernst-Museum in Brühl statt. Hier können sich die Familien in der Tiefe mit den Fantasien und

der Gedankenwelt des Künstlers an den Beispielen seiner Werke ausei-
nandersetzen. So werden zum Beispiel Familienführungen angeboten,
bei denen die Kinder mit ihren Eltern oder Großeltern die Ausstellung ent-

decken. Im Anschluss werden sie
eingeladen, sich in der offenen Mu-
seumswerkstatt kreativ zu betätigen. In der offenen **Kinderwerk-
statt** geht es ebenso hoch her.
Gemeinsam rubbeln, kleben und
bauen die Jungen und Mädchen ab
vier Jahren hier. Die Eltern können
in diesen zwei Stunden am Sonntag
ganz entspannt an einer Sonntags-
führung teilnehmen.

Der Außenbereich des Museums

Workshops für Erwachsene und Kinder sowie Familienkonzerte, Kunstge-
spräche, **Kindergeburtstage** und **Ferienworkshops** runden das Angebot
ab. Außergewöhnlich ist das Angebot, dass im Museum auch Erwachsene
ihren Geburtstag feiern können. Nach einer kurzen Führung wird je nach
gewähltem Thema die künstlerische Technik erklärt. Dann dürfen die Erwachsenen im Max-Ernst-Kabinett selbst kreativ werden. Ein Imbiss muss
selbst mitgebracht werden. Die Veranstaltung dauert 2,5 Stunden und
kostet bei bis zu 20 Teilnehmern inklusive Eintritt und Material 94 €.

Kinderführung

Tipp
Für Familienmitglieder
mit Handicap gibt es tolle
Mitmachangebote. Tast-
führungen, Workshops für
Sehbehinderte, Führun-
gen mit einem Dolmet-
scher in Gebärdensprache
wie auch Führungsange-
bote für Menschen mit
geistigen Behinderungen
werden im Max-Ernst-
Museum angeboten.

30 Internationales Zeitungsmuseum Aachen

Vom Papier zum digitalen Medienzeitalter

Einen faszinierenden Einblick in die internationale Medienwelt des 21. Jahrhunderts erhalten die Familien im Internationalen Zeitungsmuseum in Aachen. Seit Juli 2011 präsentiert das Museum eine neue Dauerausstellung.

Das Patrizierhaus

In einem alten ehrwürdigen Haus aus dem 15. Jahrhundert ist das Internationale Zeitungsmuseum bereits seit 1931 in Aachen untergebracht. Das »Große Haus« ist ein Patrizierhaus, das sich in der Pontstraße befindet.

Das Museum ist über die Ländergrenzen hinaus bekannt. Der Aachener Sammler und Privatgelehrte Oskar von Forckenbeck gründet 1886 die Samm-

■ **Anfahrt:** Mit dem Auto: A 4/A 544, Ausfahrt Europaplatz, über Jülicher-/ Peterstraße, rechts Seilgraben bis Parkhaus Markt/Großkölnstraße oder weiter nach links über Neupforte bis Parkhaus Mostardstraße; 2 Min. Fußweg. Mit dem Bus: Vom Hbf. Aachen Buslinien 3 bzw. 13 bis Pontdriesch oder Buslinien 1, 11 und 21 bis Bushof, dann mit der Linie 4 bis Haltestelle »Markt«, 1 Min. Fußweg.

■ **Öffnungszeiten:** Di–So 10–18 Uhr, Mo geschlossen.

■ **Preise:** Erwachsene 5 €, Familienkarte: 10 € (ab 3 Personen), Schüler/ Studenten: 3 €.

■ **Altersempfehlung:** Ab 5 Jahre.

■ **Einkehr:** Im Museumscafé.

■ **Info:** Internationales Zeitungsmuseum, Pontstr. 13, 52062 Aachen, Tel. 0241/432 49 10, www.izm.de.

lung. Mittlerweile verfügt diese über rund 200 000 Exponate. Darunter befinden sich vorwiegend Erst-, Letzt- und Jubiläumsausgaben aus aller Welt. Die Besucher erfahren Interessantes über die Geschichte der Zeitung und erhalten Informationen zur Herstellung von Papier.

In der multimedialen Dauerausstellung geht es keineswegs langweilig zu. In einem»Chaos-Ei« können Eltern und Kinder erfahren, wie alle Medien zugleich auf sie einwirken. Das ist nicht nur eine neue Erfahrung, sondern regt auch zum Nachdenken an. Das Thema »Zeitungen« steht nämlich nicht allein im Vordergrund. Auch die Neuen Medien Internet und Web 2.0 finden Berücksichtigung. Die Besucher erhalten nicht nur umfangreiche Informationen, sondern werden auch auf die Gefahren des übermäßigen Medienkonsums aufmerksam gemacht.

Für mehr Hintergrundinformationen ist es lohnenswert, an einer Führung teilzunehmen. Neben den Informationen zu den wichtigsten Stationen der Dauerausstellung gibt es Schwänke rund ums Haus. **Regelmäßige Führungen** finden jeweils am Sonntag um 14 Uhr statt. Im Eintritt sind die Kosten bereits enthalten.

Tipp

Im **Domkeller**, welcher sich ebenfalls in der Innenstadt befindet, können die Familien nach einer Shopping- und/oder Museumstour richtig schlemmen. Frische Kuchen und Torten aus der Traditionskonditorei Lammerskötter wie auch Zwiebelkuchen und Federweißer im Herbst verwöhnen die Gäste. Info unter: Domkeller Gaststätten GmbH, Hof 1, 52062 Aachen, Tel. 0241/342 65; Öffnungszeiten: So–Do 10–2 Uhr, Fr u. Sa 10–3 Uhr.

In direkter Nähe des Internationalen Zeitungsmuseums in Aachen befindet sich das **Couven-Museum**. Das Museum, das seit 1958 in dem vom Baumeister Jakob Couven gebauten Hause beheimatet ist, präsentiert seinen Besuchern eine außergewöhnliche Möbelsammlung. Wohnkulturen, wie sie einst im Rokoko, im frühen Klassizismus oder auch in der Zeit des Biedermeiers zu finden waren, können eingehend inspiziert und erforscht werden. Jeden Sonntag finden um 11.15 Uhr öffentliche Führungen durch das Museum statt. Geöffnet hat das Couven-Museum am Hühnermarkt 17 in Aachen von Dienstag bis Sonntag 10–18 Uhr und jeden 1. Samstag im Monat 13–18 Uhr. Montags hat es allerdings geschlossen. Der Eintritt kostet für Erwachsene 5 € und Kinder 2,50 €. Das Familienticket kostet 9 €.

31 Eifelmuseum Mayen

Vom Goloturm hinab in das Schieferbergwerk

Neugierige Kindernasen

Das Eifelmuseum mit dem Deutschem Schieferbauwerk besteht bereits seit über 100 Jahren in Mayen. Seinen Sitz hat das Museum seit 80 Jahren in der Genovevaburg. Viel Lehrreiches erfahren die Familien hier über die Eifel sowie die Entwicklung der Landschaft und ihrer Bewohner.

Sechs verschiedene Bereiche laden die Familien im Eifelmuseum Mayen zu Erkundungen ein. Im ersten Bereich »EifelTotal« erhalten die Besucher einen Eindruck von der Größe der Eifel, wie sie sich anhört oder auch wer aus der Eifel stammt. Wie das Rheinische Schiefergebirge in längst vergangenen Zeiten aussah, wie der Mensch in der Eifel lebte und wohnte bzw. seine Nahrung aus der

■ **Anfahrt:** Mit dem Auto: Über die A 61, Abfahrt Mendig/Maria Laach, oder A 48, Abfahrt Mayen. Dann über die B 262 und L 82 Polcher Straße zum Museum. Mit der Bahn: Bahnverbindungen ab Koblenz oder Andernach. Vom Bahnhof Mayen-West nur wenige 100 m.
■ **Öffnungszeiten:** Di–So u. Feiertage 10–17 Uhr.
■ **Preise:** Erwachsene: 6 €, Kinder ab 100 cm: 3,50 €, Familien: 25 % Ermäßigung (4,50 €/2,60 €).
■ **Altersempfehlung:** Ab 4 Jahre.
■ **Info:** Eifelmuseum mit dem Deutschen Schieferbergwerk, In der Genovevaburg, 56727 Mayen, Tel. 02651/49 85 08, www.mayen.de.

Kleine Bergleute

Eifeler Landschaft bezog, sind Themen die in nachfolgenden Ausstellungsbereichen ergründet werden. Der Glaube und Aberglaube, wie er in der Eifel herrschte und immer noch vorhanden ist bzw. die Entwicklung von der Wüste zur Vulkanlandschaft lassen sich gleichermaßen anschaulich nachvollziehen.

Ein besonders schönes Erlebnis ist das **Deutsche Schieferbergwerk**. Das Erlebnisbergwerk befindet sich unter der Burg, die gleichzeitig auch das Wahrzeichen der Stadt ist. Ein Helm und ein Schutzmantel sind notwendig für die Erkundungen des Stollens. Im Zweiten Weltkrieg haben Bergleute den Stollen als Luftschutzbunker für die Mayener erbaut. Ein Führer weist den Eltern und Kindern den richtigen Weg durch das Stollensystem, was für den Laien eher wie ein Labyrinth wirkt. Die Besucher entdecken auf ihrem Weg Bergbaumaschinen, wie sie einst im Einsatz waren, oder auch die animierte Bergmannsfigur »Müllers Jupp«. Eine besondere Attraktion ist die virtuelle Lorenfahrt, die kleine und große Besucher staunen lässt. Nach ihrem Besuch des Erlebnisstollens wissen die Familien vieles über den Schiefer und seine Bedeutung für die Region.

Im Rahmen des **Sommerferienprogramms** können sich die Kinder näher mit dem Schiefer vertraut machen oder auch eine Erlebnisreise durch die Vulkanzeit unternehmen. Museumsvorträge und Sonderausstellungen wie auch Themenführungen für Kindergruppen werden ebenfalls angeboten.

Sehr beliebt sind die **Kindergeburtstage** im Eifelmuseum Mayen. Die Kinder können im Deutschen Schieferbergwerk eine Fahrt mit dem **Schieferexpress** unternehmen und auf Mosel-Schieferplatten Tierbilder ritzen. Eine andere Variante ist der Rundgang auf dem **mittelalterlichen Goloturm**.

Dort sehen sich die Jungen und Mädchen das unheimliche Verlies an, besteigen den Turm und dürfen ein ganz eigenes Wappen auf den Schieferplatten kreieren. Unter dem Kindergeburtstags-Motto »Wasser-Wüste-Feuer« erkunden die Kinder den Geologischen Bereich des Deutschen Schieferbergwerks. Dabei werden sie selber tätig und bearbeiten ausdauernd die Schieferplatten.

Wer Lust auf Kakao und einen leckeren Kuchen hat, muss darauf nicht verzichten. Die Eltern können vor Beginn des Kindergeburtstages die »Kaffeetafel« entsprechend herrichten. Die Geburtstagstorte wie auch die Getränke müssen von zu Hause mitgebracht werden.

Jeweils Dienstag bis Sonntag kann von 14.45–16.45 Uhr gefeiert werden. Der Preis beträgt 40 € (inkl. Betreuung, Raum für die Feier, Bastelmaterial und einer kleinen Überraschung für das Geburtstagskind) zzgl. 2,60 € pro Kind (Mindestalter 4 Jahre). Das Geburtstagskind wird natürlich eingeladen. 6 € betragen die Kosten für Erwachsene.

Tipp

Das Eifelmuseum hat zwei Außenstationen. Wer Näheres zu den Themen »Basaltabbau« und »Römer in der Eifel« erfahren möchte, sollte das »Grubenfeld« und den »Katzenberg« aufsuchen.

Das Stollensystem erkunden

32 Eifel-Vulkanmuseum Daun

Sagen und Fakten rund um Vulkane

Um brodelnde Vulkane geht es im Eifel-Vulkanmuseum Daun. Das Eifel-Vulkanmuseum war das Erste seiner Art in Deutschland. Im Jahr 1996 wurde es eröffnet und zieht seitdem viele Touristen und Einheimische an.

■ **Anfahrt:** Mit dem Auto: Über die A 1 und A 48 sowie B 421 und B 257 nach Daun. Dann die L 46 Gartenstraße bis zum Museum. Vom Bahnhof Daun nur wenige 100 m.

■ **Öffnungszeiten:** 1. März– 15. Nov. Di–Fr 13–16.30 Uhr, Sa, So u. Feiertage 11– 16.30 Uhr, 2.–6. Jan. und 26.– 31. Dez. Di–Fr 13–16.30 Uhr.

■ **Preise:** Erwachsene: 2,60 €, Kinder (6–15 Jahre): 1 €; Führungen auf Anfrage.

■ **Altersempfehlung:** Ab 4 Jahre.

■ **Einkehr:** In den Dauner Restaurants.

■ **Info:** Eifel-Vulkanmuseum Daun, Leopoldstr. 9, 54550 Daun, Tel. 06592/98 53 53, www.vulkaneifel.de.

Die Welt der Vulkane ergründen

Das Vulkanmuseum kennt viele Sagen und Erzählungen rund um die Vulkanwelt und präsentiert viele spannende Fakten über die Eifelvulkane und Vulkane aus aller Welt. Das Museum ist Teil der Geo-Museen des Vulkaneifel European Geopark. Schon am Eingang erwartet die Besucher eine Karte, wo die Plattentektonik anschaulich dargestellt wird. Hier leuchten auch auf Knopfdruck die noch aktiven Vulkane auf. Wie einst die Kontinente zu den jeweiligen Erdzeitaltern verteilt waren und wie sie sich in der Zukunft verändern werden, ist per Computersimulation zu erkennen.

Besonders spannend für die Kinder ist der Raum »Eifel-Vulkanismus«. Hier zischt und raucht es regelmäßig, sobald die Besucher an dem Modell eines

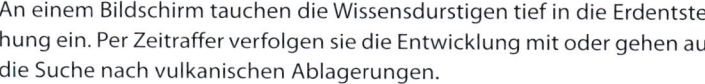

Schlackenkegels selbst einen Vulkanausbruch inszenieren. Anhand der Präsentation lassen sich sehr gut die Vorgänge in einem Vulkan nachvollziehen.

An einem Bildschirm tauchen die Wissensdurstigen tief in die Erdentstehung ein. Per Zeitraffer verfolgen sie die Entwicklung mit oder gehen auf die Suche nach vulkanischen Ablagerungen.

Des Weiteren sehen sich die Familien im Eifel-Vulkanmuseum Daun Modelle an, die die Westeifel darstellen, oder lernen, wie die Vulkantypen in der Region entstanden sind. Ausstellungsstücke aus der Westeifel vervollständigen die Modellpräsentationen.

Im Anschluss an den Besuch des Vulkanmuseums haben die Besucher die Gelegenheit zu ausgedehnten Wanderungen auf den **Georouten- und -pfaden des Geoparks**. Sehr empfehlenswert ist auch ein Spaziergang um die Dauner Maare, wo sich die vulkanischen Erscheinungsformen live erleben lassen. Zudem können die Familien Gesteinsschichten aus verschiedenen Erdzeitaltern erforschen.

Regelmäßig finden **Themenwanderungen** für Erwachsene, Kinder und Familien statt. Nach einer obligatorischen Führung durch das Vulkanmuseum beschäftigen sich z. B. die Teilnehmer mit dem Thema Wasser und unternehmen eine Wanderung zum Dauner Kurpark. Eine Verkostung des Mineralwassers, das Gemünder Maar und ein kleines Quiz stehen außerdem noch auf dem Programm. Vielleicht sind es aber auch die Themen »Wenn Steine Geschichte erzählen« oder »Die Planeten unseres Sonnensystems«, die die Besucher interessieren. Wann die nächste Führung stattfindet, erfährt man direkt beim Vulkanmuseum.

Ein zischendes Erlebnis

33 Kindertheater

Wenn der Kasperl ruft …

Nicht nur die Natur spielt in der Eifel eine große Rolle. Eine ebenso bunte Vielfalt kann die Kultur und im Speziellen die Theaterlandschaft vorweisen. Kleine Kindertheater sind wie die »großen« Theater von Bedeutung.

Charakterpuppen im Figurentheater

■ **Info:** Figurentheaterhaus Mayen Künster, Tel. 02651/50 19 11, www.figurentheaterhausmayen.de.

Figurentheaterhaus Mayen

Das FigurenTheaterKünster ist in dem FigurenTheaterHaus in der alten Schule in Mayen-Hausen eine feste Institution. Figuren-, Schauspiel- und Objekttheater gibt es hier zu erleben. Manfred Künster gibt jedem Stück seine eigene unverkennbare Charakteristik, die sich auch in seinen Figuren bemerkbar macht. Während die Kinder auf ihren Stühlen den Erzählungen lauschen, hat der Künstler oft mehrere Rollen zu spielen. Das »offene« FigurenTheater, was nichts anderes heißt, als dass der Schauspieler selber auch zu sehen ist, beeindruckt trotz seiner wenigen Requisiten die kleinen Besucher. So lustig das Stück auch sein mag, meistens verbirgt sich eine Botschaft dahinter. Das Figurentheaterhaus geht regelmäßig auch auf Tournee.

Theater Koblenz

Schauspiel, Musiktheater und Ballett gibt es im Theater Koblenz zu sehen. Über 500 Sitzplätze stehen den Familien zur Verfügung, wobei neben dem

Theater am Deinhardplatz auch die **Probe-Bühne 2** und die **Kammerspiele** am Florinsmarkt als Spielorte gelten. Schon kleine Kinder können sich über spannende Vorstellungen wie das Stück »Das kleine Ich bin Ich« freuen. Die theaterpädagogischen Angebote sind perfekt auf die Altersgruppen und Ansprüche der Kinder und Jugendlichen abgestimmt. Das Programm kann jederzeit online eingesehen werden.

> ■ **Info:** Theater Koblenz, Clemensstr. 5, 56068 Koblenz, Tel. 0261/129 28 40, www.theater-koblenz.de.

Theater Trier

Etwa 230 Vorstellungen für Kinder finden jedes Jahr im Theater in Trier statt. Das geschichtsträchtige Theater verfügt über 622 Plätze und ist bereits über 200 Jahre alt. Das Drei-Sparten-Theater verfügt über ein eigenes Schauspiel-, Ballett- und Musiktheaterensemble. Neben Märchen werden für die Jungen und Mädchen z. B. »Kater Murr«, eine Opera piccola für

Das Spiel kann beginnen!

Bambini(s) bi(s) Teenie(s) von Siegfried Köhler oder moderne Stücke wie »Eine Woche voller Samstage« aufgeführt. Jedes Jahr ein besonderes Highlight ist das Theaterfest. Karten für die Vorstellungen können unter Tel. 0651/718 18 18 reserviert werden.

■ **Info:** Theater Trier, Am Augustinerhof, 54290 Trier, Tel. 0651/718 18 18, www.theater-trier.de.

Amphitheater Trier

Das Amphitheater ist kein Kindertheater im herkömmlichen Sinn. Hier fühlen sich die Familien in die Römerzeit zurückversetzt. Damals war das Theater eine der beliebtesten Unterhaltungsstätten. Auch heute werden hier die Zuschauer bestens unterhalten. Über 20 000 Personen finden hier

Applaus für die Darsteller!

einen Platz, von dem aus sie sich **Gladiatorenkämpfe** und Stücke aus der Römerzeit ansehen können. Da klirren die Schwerter, wenn Herkules mit seinem Gegner kämpft. Für Musicals und Konzerte bietet das Amphitheater ebenfalls eine eindrucksvolle Kulisse.

> ■ **Info:** Tourist-Information Trier Stadt und Land e. V., An der Porta Nigra, 54290 Trier, Tel. 0651/97 80 80, www.trier-info.de.

Stadttheater Euskirchen

In der Emil-Fischer-Straße 25 in Euskirchen finden die Besucher das Stadttheater. Bereits 60 Minuten, bevor die Vorstellung beginnt, erhalten sie Zutritt in das Gebäude. Nach nur kurzer Wartezeit sehen sie sich die Shows, Ballettvorstellungen und auch Musicals an. Zur Weihnachtszeit gibt es immer ein besonderes Kinderstück für die Jüngsten. Tickets für die Veranstaltungen sind über Köln-Ticket erhältlich. In Euskirchen befinden sich die Zweigstellen von Köln-Ticket beim Wochenspiegel und der SVE-Filiale am Bahnhof.

> ■ **Info:** Stadttheater Euskirchen, Emil-Fischer-Str. 25 (Emil-Fischer-Gymnasium), 53879 Euskirchen, www.euskirchen.de.

Cochemer Marionettentheater

Seit 1995 erfreut das Marionettentheater die kleinen Zuschauer mit seinen Vorstellungen. »Der Froschkönig« oder »Rumpelstilzchen« oder auch »Frau Holle« und »Der Spielzeugkönig« gehören zum Programm. Auf Tournee oder auch im eigenen Haus in der Stablostraße 34 in Cochem bringen die Künstler die Kinder zum Lachen und Staunen. Zu erreichen ist das Marionettentheater montags bis samstags 10–14 Uhr unter Tel. 02671/98 09 84 oder per E-Mail: kuepper@gmx.net.

> ■ **Info:** Marionettentheater/Puppentheater Björn Christian Küpper, Stablostr. 34, 58612 Cochem an der Mosel, Tel. 0170/839 30 18, www.bjoerns-marionetten.de.

34 Schulmuseum Immerath

Schulalltag wie vor 100 Jahren erleben

Das kleine Schulmuseum in Immerath lässt die Familien in das Schulgeschehen längst vergangener Jahrzehnte Einblick nehmen. Hier können die Kinder sehen, wie Großmutter oder Urgroßvater gelernt haben und welche Schulgepflogenheiten vorherrschten.

■ **Anfahrt:** Mit dem Auto: Über die A 1 und B 421 nach Immerath.
■ **Öffnungszeiten:** April–Okt. Do 14–17 Uhr (Gruppen auch nach Vereinbarung).
■ **Preise:** Kinder: 1,50 €, Erwachsene: 2 €.
■ **Info:** Schulmuseum Immerath, Hauptstraße, 54225 Immerath. Ansprechpartner: Frau Annette Keßeler, Römerstr. 18, 54552 Immerath, Tel. 06573/274, www.immerath-vulkaneifel.de.

Das kleine Schulmuseum

Im Zentrum des kleinen Vulkanortes Immerath befindet sich das Schulmuseum in einem historischen Fachwerkbau aus dem Jahr 1770. Das kleine hübsche Haus wurde bis 1910 als Ort des Lernens für die Jungen und Mädchen genutzt.

Das »Klassenzimmer« befindet sich im ersten Stock des Fachwerkhauses. Dieses erreichen die Besucher über eine alte knarzende Treppe, die vermuten lässt, dass hier schon viele trippelnde Füße eilig hochgegangen sind. Die Schule war vor über 200 Jahren eine reine Winterschule. Im Sommer arbeiteten die Mädchen und Jungen mit auf den Feldern.

Heute sehen die Eltern und Kinder in dem eingerichteten Raum die hölzernen Bänke und Tische mit eingerichteten Arbeitsplätzen, auf denen so mancher Schüler mächtig geschwitzt hat. Lehrtafeln, mit denen früher die Bruchrechnung geübt wurde, oder auch Lehrtafeln, die die Eifelregion darstellen, sind einsehbar. Faszinierend für die Kinder ist die Schreibschrift, die damals verwendet wurde. Staunend sehen sie sich die schön geschriebenen Buchstaben auf den Tafeln an. Ebenso gibt es Fotos von ehemaligen Schülern und Schülerinnen. Der Tornister eines Mädchens, das im Maar ertrunken ist, ist im Museum ebenfalls zu sehen.

Ein besonders interessantes Exponat ist das Strafbuch. In ihm wurde vermerkt, welche Strafen wann und warum erteilt wurden. Mädchen bekamen in der Regel zwei bis vier Schläge auf die Finger anstatt auf das Gesäß, weil zu dieser Zeit noch keine Unterwäsche getragen wurde. Was bei den Mädchen unzüchtig wäre, war bei den Jungs eher die Regel. Gesäßschläge wegen Faulheit oder auch Pöbelei waren Standard. Ebenso wurden die Jungen bestraft, weil sie in die Toiletten der Mädchen »gespickt« hatten und dieses als unsittliches Verhalten galt. Gutes Verhalten und Religiosität spielten damals eine große Rolle. Wer von den Kindern sich aber durch Taten oder Leistungen besonders ausgezeichnet hatte, der durfte sich über ein Heiligenbild freuen.

Der Lehrer wurde zu diesen Zeiten noch in Naturalien bezahlt. Außerdem ging er abends um 19 Uhr durch die Straßen, um zu kontrollieren, ob alle Kinder in ihren Häusern waren.

Kinder am Pult

Tipp
Nach vorheriger Absprache können Kindergruppen ab einem Alter von acht Jahren eine Stunde lang das Schulmuseum erkunden. Hautnah erleben sie, wie eine Unterrichtsstunde früher abgehalten wurde. Nachdem sie dem Lehrer ihre sauberen Hände gezeigt haben, dürfen sie auch mit der Kreide auf der Tafel schreiben. Dieses Angebot ist besonders im Rahmen eines Kindergeburtstages empfehlenswert!

35 Burg Eltz

Wildromantischer Ausflug durchs Eltzbachtal zur Burg

Ein wenig versteckt mitten im Wald ragt die Burg Eltz empor. Als eine der besterhaltenen Burgen in Deutschland ist sie für viele ein Anziehungspunkt in der Eifel. Während einer Burgführung erhalten die Familien spannende Informationen zu deren früheren Bewohnern.

■ **Anfahrt:** A 48 in Richtung Koblenz, Ausfahrt Polch, Richtung Münstermaifeld. In Münstermaifeld Richtung Wierschem und den Ausschilderungen zum Waldparkplatz der Burg Eltz folgen.
■ **Öffnungszeiten:** April–Nov. 9.30–17.30 Uhr.
■ **Preise:** Schüler: 5,50 €, Erwachsene: 8 €, Familienkarten: 24 €.
■ **Altersempfehlung:** Ab 1 Jahr.
■ **Einkehr:** Zwei Self-Service-Gaststätten.
■ **Info:** Gräflich Eltz'sche Kastellanei, Burg Eltz, 56294 Münstermaifeld, Tel. 02672/95 05 00, www.burg-eltz.de.

Ein tolles Ausflugsziel

Drei Familien bewohnten einst die Burg Eltz, die Rudolf von Eltz geschenkt bekam. Die Brüder Elias, Wilhelm und Theoderich Eltz, seine Söhne, haben sich so gut verstanden, dass sie von der üblichen Erbfolge absahen und das Ganze aufteilten. Jeder von ihnen bewohnte mit Frau und Kindern einen eigenen Trakt. So gab es auf der Burg Eltz drei Schlafzimmer, drei Kinderzimmer und so weiter.

Die Mitarbeiterin der Burg Eltz informiert die Besucher während einer Führung über diese geschichtlichen Zusammenhänge und zeigt ihnen die schönsten Stücke in den Burgräumen. Eltern und Kinder durchstreifen den Rübenacher Untersaal, das Rübenacher Schlafgemach oder auch den Fahnensaal.

Sehr eindrucksvoll ist der Rittersaal. In ihm hängt eine Maske mit einem Narrengesicht, die bedeutet, dass alles in diesem Raum ungestraft gesagt werden konnte. Über der Tür ist dagegen eine Schweigerose zu sehen, die alle Personen über das, was in dem Saal besprochen wurde, zum Schweigen verpflichtet.

Der Besuch des Kurfürstenzimmers wie auch des Jagdzimmers mit eindrucksvollen Geweihen ist ebenfalls Bestandteil der Führung. Die Schatzkammer ist ein weiteres Highlight auf der romantischen Burg. Diese befindet sich in den Kellergewölben und enthält über 500 Exponate aus dem 12. bis 19. Jahrhundert. Ringe des Kurfürsten, Hoechster und Wiener Porzellan oder auch der »Dukatenscheißer«, ein kleines Objekt aus Elfenbein aus dem Jahr 1650, sind zu sehen.

Im Außenbereich können die Familien den Rundumblick genießen. Ein Biergarten lädt zum Genießen von Ausblick, Essen und Trinken ein. Wer noch eine Ritterrüstung für zu Hause erstehen möchte – kein Problem! Für über 1000 € können Besucher so ein Meisterwerk im Souvenirshop, wo sie auch die Eintrittskarten erhalten, erwerben.

Eine Wanderung zur Burg Pyrmont ist im Anschluss möglich. Etwa 2,5 Stunden sollten dafür einkalkuliert werden. Auf gutes Schuhwerk sollte hierbei geachtet werden. Geöffnet hat die Burg von Mai bis Oktober jeweils Mittwoch bis Sonntag und an Feiertagen 11–17 Uhr. Der Eintritt kostet für Kinder im Alter ab vier Jahren 3 €, Erwachsene 4,50 € und Familien 14 €. Eine fachkundige Führung kann für 25 € gebucht werden.

Tipp
Schön für Kinder ist die Wanderung zur Burg Eltz. Vom Wanderparkplatz »Ringelsteiner Mühle« in Moselkern geht es entlang des Elzbachtals. Für Buggys und Kinderwagen ist der Weg allerdings nur eingeschränkt und mit Anstrengung seitens der Eltern nutzbar. Bequemer ist der Pendelbus. Dieser startet auf dem Waldparkplatz Burg Eltz an der Antoniuskapelle und kostet pro Person 1,50 €.

36 Geysir Andernach

Ein zischendes Naturphänomen

Ein Naturphänomen der besonderen Art ist der Kaltwassergeysir in Andernach. Manche meinen, es ist Hokuspokus oder eine geheime Installation, die zur Unterhaltung unter der Erde angebracht wurde. Im Erlebniszentrum allerdings erfahren die Besucher die Hintergründe zu diesem Phänomen.

■ **Anfahrt:** Mit dem Auto: Über die A 48 und B 9 bis Abfahrt Mayen/Andernach-Ost. Weiter über die K 47 nach Andernach Richtung Stadtmitte. Alternativ: Vom Bahnhof Andernach ca. 10 Min. zu Fuß.
■ **Öffnungszeiten:** März–Okt. jeweils Mo–So 9–17.30 Uhr.
■ **Preise:** Kinder: 8,50 €, Erwachsene: 11,50 €.
■ **Altersempfehlung:** Ab 4 Jahren.
Einkehr: Auf dem Schiff oder im Café im Erlebniszentrum.
■ **Info:** Geysir.info GmbH, Konrad-Adenauer-Allee 40, 56626 Andernach, Tel. 02632/958 00 80, www.geysir-andernach.de.

In der Mitmach-Ausstellung

Das Geysir-Erlebniszentrum räumt mit den Spekulationen um den Kaltwassergeysir auf. Hintergründe und Fakten werden schlüssig in den Ausstellungsräumen dargestellt. Interaktive Exponate, Experimentierstationen und Medieninstallationen machen dabei die Ausstellung besonders lebendig. Um dem Geheimnis des Geysirs allerdings auf die Spur zu kommen, fahren Eltern und Kinder mit einem virtuellen Fahrstuhl vier Kilometer unter die Erde.

Gemeinsam begleiten sie ein Kohlendioxid-Molekül dabei, wie es aus dem Inneren der Erde bis zur Wasserfontäne kommt. Sie sehen sich durch die Lupe Gesteine an und erleben die Dunkelheit unter der Erde.

Eine Stunde Zeit sollte für das Erlebniszentrum eingeplant werden, bevor die **Schifffahrt** zum Geysir erfolgt. Gleich gegenüber vom Erlebniszentrum startet das Schiff, das die Besucher ganz gemütlich zu dem Naturphänomen bringt. Unter Deck schlemmen die Familien Würstchen mit Kartoffelsalat und lassen sich den Kaffee oder die Apfelschorle schmecken.

Bei schönem Wetter haben die Fahrgäste einen fantastischen Blick auf das Rheintal mit seinen Weinbergen und den kleinen Ortschaften. Schon nach ungefähr einer halben Stunde legt das Schiff wieder an.

Die Besucher verlassen das Schiff. Nun ist es nicht mehr weit zum Kaltwassergeysir, der sich mitten in der Landschaft der Halbinsel »Namedyer Werth« verbirgt. Nach ungefähr 200 Metern erreichen die Naturforscher das abgesperrte Gebiet, wo der höchste Kaltwasser-Geysir der Welt seine ganze Kraft zeigt.

Schon bald nach ihrer Ankunft hören die Eltern und Kinder ein Brodeln und Zischen. Plötzlich steigt mit einem lauten Knall Gas auf. Nach dem Gas schießt eine Wasserfontäne empor, die immer höher wird. Gebannt sehen die Besucher dem Naturphänomen zu. Kaum können sie es glauben, dass dieses ohne moderne Technik geschieht. Nach ein paar Minuten wird die Wasserfontäne wieder kleiner, bis sie ganz zwischen den Steinen verschwindet. Nur die feuchte Erde und die nassen Steine zeugen dann noch von diesem spektakulären Ereignis.

Nach dem eindrucksvollen Erlebnis geht es mit dem Schiff wieder zurück an die Bootsanlegestelle gegenüber vom Erlebniszentrum. Die Fahrzeiten der Schiffe sind täglich 11.15 Uhr, 13.05 Uhr, 15.00 Uhr und 17.00 Uhr.

Etwa drei Stunden Zeit sollten für den gesamten Besuch des Geysirs eingeplant werden.

Ein unglaubliches Phänomen

37 DB-Museum Koblenz

Alles einsteigen! Zug fährt ab!

In dem ehemaligen Güterwagenausbesserungswerk Koblenz-Lützel befindet sich das DB-Museum Koblenz. Über 25 historische Fahrzeuge gibt es in der Ausstellungshalle zu sehen. Die Elektrolokomotiven wie auch die Salonwagen lassen das Herz eines jeden Eisenbahnfans höher schlagen.

Das DB-Museum in Koblenz gewährt den Besuchern einen Einblick in die Historie der Eisenbahnfahrzeuge. Das Museum ist eine Außenstelle des Verkehrsmuseums in Nürnberg. Einst wurden auf dem Gelände des ehemaligen Güterwagenausbesserungswerks im Koblenzer Stadtteil Lützel u. a. Güterwagen repariert.

Heutzutage werden in der Lokhalle die Elektro- und Dampflokomotiven sowie Salonwagen aus der Vorkriegszeit gezeigt. Darunter befindet sich die Lokomotive 89 7462, die zu Zeiten der preußischen Staatsbahn ihren Dienst tat. Lokomotive PtL 2/2 »4715« mit dem Spitznamen »Glaskastl«, die im Jahr 1921 in Aktion zu erleben war, wie auch eine bayerische Güterzuglok sind weiterhin zu betrachten.

■ **Anfahrt:** A 48 Richtung Montabaur bis zur Abfahrt Koblenz-Nord. Richtung Innenstadt über die B 9 (Abfahrt KO-Metternich). An der Kreuzung 2. Ampel links und die B 9 unterfahren. Geradeaus, dann Vorfahrtstraße rechts folgen. Links in die Schörnbornsluster Straße bis zur Auffahrt links ins DB-Gelände. Mit der Bahn: Personenbahnhof Koblenz-Lützel, Ausgang Andernacher Straße, Fußweg nach links auf die Andernacher Straße/Werner-v.-Siemens-Straße/Schönbornsluster Straße, ca. 2 km.
■ **Öffnungszeiten:** Feb.–Okt. Di–So 10–17 Uhr, Nov. Sa 10–16 Uhr, Dez. siehe Webseite des Veranstalters.
■ **Preise:** Kinder (6–14 Jahre): 1 €, Erwachsene: 2,50 €, Familien(2 Erw u. 2 Kinder) 5 €.
■ **Altersempfehlung:** Ab 4 Jahre.
■ **Info:** »BSW-Gruppe zur Erhaltung historischer Schienenfahrzeuge Koblenz« im DB- Museum Koblenz, Schönbornsluster Str. 3, 56070 Koblenz, Tel. 0261/396 13 39, www.dbmuseum-koblenz.de.

Elektrolokomotiven und Diesellokomotiven aus verschiedenen Zeiten wie auch Bahndienstfahrzeuge und Reisezugwagen werden ebenfalls eingehend von den Besuchern im DB-Museum Koblenz in Augenschein genommen.

Besonders viel Spaß macht den Kindern das Fahren auf der Mitfahreisenbahn. Zu besonderen Terminen wie dem Nikolausfest, dem Tag des offenen Denkmals, zur Langen Nacht der Museen oder auch dem Trix-Express-Tag ist eine Fahrt auf der 5-Zoll-Eisenbahn möglich. Mehrere Kinder finden auf dem kleinen Zug Platz und der Spaß ist riesig, sobald sich der Miniaturzug in Bewegung setzt.

Ein weiteres Highlight ist die Gartenbahnanlage, die sich im Außenbereich des Museumsgeländes befindet. Die Anlage im Maßstab 1:22,5 misst etwa 120 Quadratmeter an Fläche. Auf drei verschiedenen Strecken sind die Züge und Loks unterwegs. Alle 14 Tage an ungeraden Wochensamstagen im Wechsel mit der Trix-Express-Gruppe finden die Fahrtage statt.

Eisenbahnfahrzeuge im Museum

Die Trix-Express-Gruppe ist ein Verein, der sich liebevoll um eine Modellbahn im Maßstab 1:87 (HO) kümmert. Bekannte Züge sind auf der Bahnstrecke, die durch zwei Räume führt, unterwegs. Zu den Öffnungstagen des Museums wie auch im Rahmen von Veranstaltungen finden regelmäßig Vorführungen im 14-tägigen Wechsel mit der Gartenbahn-Anlage statt.

Kinder- wie auch Erwachsenengruppen erhalten die Gelegenheit, sich in verschiedenen Bahnberufen »ausbilden« zu lassen. Von echten Fachmännern erhalten sie Infos und dürfen sich selbst ausprobieren. Der Workshop für Kinder endet mit dem Bahn-Kids-Zertifikat, während die Erwachsenen ein Bahn-Profi-Zertifikat bekommen.

Tipp

Ein Kindergeburtstag im DB-Museum ist sehr spannend. Ganz auf das Alter der Kinder abgestimmt ist die Führung durch das Museum: Nach einer Stärkung im Bistrowagen dürfen die Kids auf der 5-Zoll-Eisenbahn mitfahren. Der Kindergeburtstag im Museum ist schon für Kinder ab fünf Jahren geeignet. Unter Tel. 0160/91 27 52 55 oder E-Mail: dirk.juschkat@dbmuseum-koblenz.de können die Familien den Geburtstag inhaltlich und terminlich abstimmen.

38 Mittelrhein-Museum Koblenz

Kunstgenuss im Alten Kaufhaus

Rheinische Kunst vom Mittelalter bis zum 20. Jahrhundert gibt es im Mittelrhein-Museum zu erforschen. Zudem können die Besucher mittelalterliche Skulpturen betrachten und Wissenswertes zu Januarius Zick erfahren. Für Kids gibt es zudem interessante Veranstaltungen.

■ **Anfahrt:** Mit dem Auto: Über die A 48 und B 9 sowie L 126 Richtung »Deutsches Eck«. Zu Fuß: Vom Hbf. ca. 500 m oder vom Bahnhof Koblenz-Lützel über die Balduinsbrücke.

■ **Öffnungszeiten:** Di–Sa 10.30–17 Uhr, So u. Feiertage 11–18 Uhr (Neujahr, Karnevalsdienstag, Karfreitag, Ostermontag, Heiligabend, 25. u. 31. Dez. geschlossen).

■ **Preise:** Erwachsene: 3,50 €, ermäßigt: 2,00 €; Schüler und Mitglieder des Vereins der Freunde des Mittelrhein-Museums und des Ludwig-Museums zu Koblenz e. V. haben freien Eintritt.

■ **Altersempfehlung:** Ab 5 Jahre.

■ **Info:** Mittelrhein-Museum Koblenz, Florinsmarkt 15–17, 56068 Koblenz, Tel. 0261/129 25 20, www.mittelrhein-museum.de.

Selbst Kunstbanausen werden bei einem Besuch des Mittelrhein-Museums in Koblenz hellwach. Das Museum, das sich im Alten Kaufhaus am Florinsmarkt befindet, beeindruckt Jung und Alt mit seinen Ausstellungsstücken. Einst erhielt die Stadt Koblenz 200 Gemälde aus dem Nachlass des Neuendorfer Pfarrers und Pädagogen Joseph Gregor Lang. Die Sammlung beinhaltet spätmittelalterliche sakrale Kunst über die Niederländischen Meister des 17. bis hin zur Malerei des 18. und beginnenden 19. Jahrhunderts. Schon bald wurde die Sammlung durch Bürgerliche Stiftungen größer, was letztendlich zur Gründung des Museums führte.

Wer durch die Ausstellung des Mittelrhein-Museums in Koblenz wandelt, wird zudem Gemälde von Künstlern aus der Region entdecken. Einer der Künstler ist Januarius Zick, der als deutscher Maler und Architekt tätig war. Johann Rasso Januarius Zick wurde im Jahr 1730 geboren und im Jahre 1760 zum kurtrierischen Hofmaler ernannt. Fresken im Schloss Engers wie auch das Hauptaltargemälde der Pfarrkirche Schwerzen waren Teil seines Werkes.

Zu den besonderen Exponaten des Museums gehören die Bildnisbüste der Sängerin Hen-

Gemeinsamer Kunstgenuss

riette Sontag, 1827, wie auch das Gemälde »Turmbau zu Babel« von Lucas van Valckenborch oder das Gemälde »Der blinde Belisar sucht mit seinem Begleiter vor einem Unwetter Schutz in einer Grotte« von Gerhard von Kügelgen aus dem Jahr 1807.

Das museumspädagogische Angebot für Kinder und Jugendliche ist sehr vielfältig. Neben den **Sommerferienangeboten**, wo Jungen und Mädchen Lehrreiches zu Kunst und Stadt erfahren, gibt es regelmäßig jeden Sonntag um 15 Uhr eine öffentliche Führung.

Wer Geburtstag hat, kann in der spannenden Museumslandschaft so richtig feiern. Das Geburtstagskind und seine Freunde entdecken dann interessante Bilder in der Ausstellung. Anschließend können sie sich kostümieren und mit Schminke entsprechend verzaubern. Ein Erinnerungsbild kann dann später mit nach Hause genommen werden. Der **Kindergeburtstag** ist für Kinder ab sechs Jahren geeignet. Maximal zehn Kinder können an der Party teilnehmen. Die Kosten belaufen sich auf 50 € inklusive Betreuung und Material. Anmeldung und Information unter Tel. 0261/129 25 20.

39 Spielzeugmuseum Trier

Opas Kuscheltier und Omas Kaufladen

Über 5000 Exponate gibt es im Spielzeugmuseum in Trier zu bestaunen. Puppen, mit denen die Uroma spielte, oder Spielzeugeisenbahnen, die dem Papa wohlbekannt sind, sind beispielsweise zu sehen. Zudem gibt es eine Weltraumlandschaft wie auch Roboter zu bestaunen.

■ **Anfahrt:** Mit dem Auto: Über die A 64 oder A 602 auf die B 49 Richtung Stadtmitte. Das Museum ist nur 200 m von der Porta Nigra entfernt. Zu Fuß: Nur wenige 100 m vom Trierer Hauptbahnhof.

■ **Öffnungszeiten:** Jan.– März Di–So 11–17 Uhr, April– Dez. Di–So 11–18 Uhr (25./26. Dez. geschlossen).

■ **Preise:** Erwachsene: 4,50 €, Kinder (4–11 Jahre): 2 €; Kinder (11–18 Jahre): 2,50 €, Familien (2 Erw. u. max. 3 Kinder): 12 €, jedes weitere Kind: 1,50 €. Gruppenermäßigung; Führung: 20 € zzgl. Eintritt (nach Anmeldung; max. 20 Personen).

■ **Altersempfehlung:** Ab 3 Jahre.

■ **Einkehr:** Café-Restaurant »Zur Steipe«.

■ **Info:** Spielzeugmuseum Trier, Dietrichstr. 51, 54290 Trier, Tel. 0651/758 50, www.spielzeugmuseum-trier.de.

Eine farbenreiche Spielzeugwelt

Angesichts des vielen Spielzeuges in den Museumsräumen bekommen viele Augen ein gewisses Leuchten. Zwei Etagen können in dem Spielzeugmuseum Trier eingehend erforscht werden. Auf 500 Quadratmetern ist Spielzeug von der Antike bis zur Neuzeit ausgestellt.

Staunend streifen die Kinder mit ihren Eltern durch die Museumslandschaft. Überall entdecken sie Spielzeug, darunter befinden sich Blechspielzeug oder auch verschiedene Eisenbahnen. Genau nehmen die Besucher die Züge und Strecken unter die Lupe. Unter ihnen gibt es auch Züge der Marke **Märklin** oder eine Eisenbahnanlage in der Spur HO. Anhand der zahlreichen Vitrinen des Museums können die Familien die Entwicklung nachvollziehen. So erhalten sie Informationen zum bekannten »Krokodil« wie auch zum Schienenzug aus der heutigen Zeit.

Liebevoll bewundern die Mädchen die Puppen. Groß, klein, blondes oder brünettes Haar – die Vielfalt ist überwältigend. Aber auch Pup-

Omas Puppe

pen aus China, Japan oder der Indianer sind hier ausgestellt. Zudem erfahren die Kinder und Erwachsenen, was die Keramikpuppen der Ägypter oder auch die **Flickenpuppen** der Römer auszeichnet.

Die Raumschiffe laden zu Traumreisen in den Weltraum ein und auch die Blechroboter finden ihre Fans unter den Besuchern. Die Weltraumlandschaft des Spielzeugmuseums in Trier ist ein besonderer Anziehungspunkt. Sie überrascht vor allem durch Detailtreue. Die Laterna magica, handbemalte **Zinnfiguren** sowie Edmunds Tiergarten aus Elastolinfiguren sind weitere Publikumsmagneten.

Die Altstadt mit ihren vielen berühmten Steifftieren ist ein weiteres Highlight. Im Jahr 1962 wurde die dörfliche Kulisse für die Nürnberger Spielwarenmesse entworfen. Später wurden die Steifftiere mithilfe von Holzrädern und Lederriemen in einem Behindertenheim mit Leben erfüllt. Zur jeder halben und vollen Stunde können die Kinder und Eltern die kullernden Steifftiere beobachten.

Regelmäßig finden Sonderausstellungen im Spielzeugmuseum Trier statt. **Führungen** wie auch Kinderführungen für Kindergartenkinder werden neben Museumsrallyes angeboten. Während der Führungen wird sogar das eine oder andere Spielzeug aus der Vitrine genommen. Die Führungen finden allerdings nur nach vorheriger Anmeldung statt.

Das Spielzeugmuseum

40 Kerzenmanufaktur Moll

Vom Wachs zur Kerze

Gleich an der Hauptstraße im malerischen Örtchen Manderscheid in einem alten Bauernhaus hat die Kerzenmanufaktur Moll ihren Sitz. Während einer Besichtigung des Wachsziehermeisterbetriebes können Eltern und Kinder den Mitarbeitern der Werkstatt über die Schulter sehen. Was unter der traditionellen Kerzenherstellung verstanden wird, kann während eines Workshops erfahren werden.

■ **Anfahrt:** Mit dem Auto: Über die A 60 oder A 1 und L 16 nach Manderscheid. Das Studio befindet sich direkt in der Hauptstraße.

■ **Öffnungszeiten:** Mo–Fr 9.30–13 Uhr, 14–18 Uhr, Sa 9.30–13 Uhr, jeden Dienstag um 11 Uhr Führung (eine Werkstattbesichtigung ist jederzeit möglich).

■ **Preise:** Workshop 1: 4,50 €; Workshop 2: ab 6 €.

■ **Altersempfehlung:** Ab 6 Jahre.

■ **Einkehr:** Im »Postillion« wenige Meter neben der Manufaktur.

■ **Info:** Kerzen- und Wachsmanufaktur Moll, Kurfürstenstr. 39, 54531 Manderscheid/ Vulkaneifel, Tel. 06572/21 80, www.kerzenmoll.de.

Kerzenziehen – leicht gemacht!

Die Kerzenmanufaktur Moll gehört zu den wenigen Wachsziehermeisterbetrieben in Deutschland und Michael Moll ist der einzige **Wachsziehermeister** in der Eifel. In reiner Handarbeit entstehen kreative Skulpturen, Kleinserien oder auch Blumen aus Wachs. Während einer Besichtigung können die Besucher zusehen, wie aus dem Klumpen Wachs unter fleißigen Händen die kleinen Meisterwerke entstehen.

Schon der Geruch in dem Haus lässt auf Arbeiten mit Wachs schließen. Überall stehen Tiegel und Töpfe, während die Dochte auf eine Spule aufgerollt sind. In den Auslagen bewundern die Besucher die Stücke, die, jedes für sich, wahre Kleinode sind. Darunter befinden sich auch die Eifeler Lavakerzen, die aus gemahlener und gesiebter Lava gegossen werden, von Hand modellierte Wachsblumen und Obstkerzen, die außerdem noch mit einem Duft versehen wurden, sowie wunderschöne Festtagskerzen.

Für Gruppen bietet die Kerzenmanufaktur Moll Werkstattführungen an. Hier erhalten die Besucher ausführliche Informationen zur Geschichte des Wachslichtes. So erfahren sie, wie zur Beleuchtung im Mittelalter Brennnäpfe aus Talg, Öllampen und Pechfackeln verwendet wurden. Wohlhabende nutzten dagegen Bienenwachskerzen. Außerdem werden die Besucher über die Tradition des Handwerkes oder auch die Brenneigenschaften der Wachsarten aufgeklärt.

Die Lavakerze

Während eines Workshops können die Familien dann selber tätig werden. In einem Workshop stellen die Teilnehmer jeweils zwei Kerzen her. Etwas Geduld ist dabei schon nötig, denn nach jedem Tauchgang des Dochtes muss dieser ein wenig Trocknen. Im Anschluss wird dann eine Kerze von Hand modelliert. Dieser Workshop dauert ca. 70 Minuten.

In einem weiteren Workshop gestalten die Teilnehmer die Kerze ihren Wünschen entsprechend. Mit buntem Modellierwachs entstehen in kürzester Zeit traditionelle oder auch fantasiereiche Elemente auf der Schmuckkerze. Keine Angst! Wem es nicht sofort gelingt, dem wird ein wenig geholfen, sodass jeder Kursteilnehmer ein Meisterstück mit nach Hause nehmen kann.

Gemahlene Lava

41 Tolli Erlebnispark Mayen

Spiel, Spaß und Action

Der Spaß steht im Tolli Erlebnispark an erster Stelle. Zahlreiche Spiel-möglichkeiten erwarten den Nachwuchs. Neben einem großen In-nenbereich verfügt der Tolli-Park über ein 30 000 Quadratmeter gro-ßes Außengelände.

Inmitten bunter Bälle

Im Tolli-Park Mayen können die Kin-der ihrem natürlichen Bewegungs-drang voll nachgeben. Zwei große Erlebnishallen wie auch ein riesiges Außengelände laden zu ausgedehn-ten Spielmanövern ein. Wenn es draußen stürmt oder schneit, erkun-den die Jungen und Mädchen in der Indoor-Erlebnishalle das Klettergerüst »Bombastisch«. Nachdem sie von der Mega-Wellenrutsche ge-saust sind, testen sie die Riesen-Trampolinanlage auf Herz und Nie-

■ **Anfahrt:** A 61 Köln–Ludwigshafen, Abfahrt Mayen/Mendig, weiter Rich-tung Mayen. Ausfahrt Mayen-Hausen/Katzenberg Richtung Mayen/Katzen-berg, rechts Richtung Mayener Tal, rechts in die Rudolf-Diesel-Straße, ge-radeaus in die Nikolaus-Otto-Straße bis zum Tolli-Park.
■ **Öffnungszeiten:** Jan.–Dez. Mo–Fr 14–19 Uhr, Sa, So u. Feiertage sowie in den Ferien in Rheinland-Pfalz 10.30–19 Uhr bzw. Ferien in Nordrhein-West-falen 12–19 Uhr (Rosenmontag, Heiligabend, 25. u. 26. Dez. geschlossen).
■ **Preise:** Sommersaison: Kinder (2–17 Jahre): 7,90 €, Erwachsene: 5,90 €; Wintersaison: Kinder (2–17 Jahre): 6,90 €, Erwachsene: 3,90 €.
■ **Altersempfehlung:** Ab 1 Jahr.
■ **Einkehr:** Im Tolli-Park.
■ **Info:** Tolli Erlebnispark, Nikolaus-Otto-Straße, Industriegebiet Mayener Tal, 56727 Mayen, Tel. 02651/49 42 02, www.tolli-park.de.

ren. Auf der Kinder-Kartbahn sind die zukünftigen Rennfahrer unterwegs. Wie echte Profis legen sie sich in die Kurven und versuchen als Erste durchs Ziel zu kommen.

Geschicklichkeit ist auf dem Mountain Air angesagt. Hier müssen sich die Kinder schon etwas bemühen, um die Spitze zu erreichen. Entspannend dagegen ist ein Bad im Ballpool. Gemütlich » baden« die Jungen und Mädchen, bevor sie die nächsten Spielmanöver starten. Die Minis unter den Familien erkunden den separaten Kleinkinderbereich mit Trampolin und Ballpool. Ganz ungestört können sie sich hier mit Gleichaltrigen und unter den wachsamen Augen der Eltern bewegen.

In dem großen Außenbereich steht das Erlebnis-Piratenschiff im Mittelpunkt. Mit einem großen »Ahoi« gehen hier viele Seeräuber und Piratinnen auf große Schatzsuche. Zehn Elektrofahrzeuge stehen auf der Kart-

Streichelzoo

bahn zur Verfügung und wen eine Fahrt so richtig ins Schwitzen gebracht hat, den erfrischt mit Sicherheit der 170 Meter lange **Wasserspielplatz**.

Tretboote und Motorboote sind ebenfalls bei entsprechender Witterung auf dem See unterwegs, während andere Kids an der Freeclimbing-Wand ihr Können unter Beweis stellen. Begeistert nutzen die Jungen und Mädchen die Kleinkinder-Tretkartbahn. Für die Erwachsenen steht eine eigene Tretkartbahn in der Nähe bereit.

Für gehöriges Magenkribbeln sorgt die Edelstahl-Röhrenrutsche. Etwa 15 Meter sausen die Kinder den Hang hinunter. Wem dieser Nervenkitzel nicht reicht, der schwingt sich gleich noch auf die Seilbahn – 25 Meter lang ist die Strecke.

Neben einer großen Sandbaustelle mit Raupenschwinger, Katamaran und Netzschaukel erwartet die Kinder ein Streichelzoo, ein Puppentheater und sogar eine **Zirkusschule**. Ollis Kinderzirkus kommt täglich in den Ferien sowie an Wochenenden und Feiertagen, um die Kinder zu erfreuen.

Tipp
Weitere Indoorspielplätze:
Happy Land Indoor Spielplatz, Saarstr. 54, 54634 Bitburg, Tel. 0171/549 62 10, www.happyland-bitburg.de.
Kids in Trier, Diedenhofener Str. 29, 54294 Trier, Tel. 0651/993 68 96, www.kidsin-trier.de.
Piratenland-Neuwied, Igelweg 7, 56566 Neuwied, Tel. 02622/92 17 70, www.piratenland-neuwied.de.
Spielkiste, Rudolf-Diesel-Str. 19, 56220 Urmitz/Rhein, Tel.02630/96 97 11, www.spielkiste-urmitz.de.
Trampolino Familien- und Freizeitpark, Stadionstr. 89, 56626 Andernach, Tel.02632/98 98 31, www.trampolino-andernach.de.

Mit Geschick die Wand hoch

Ein Geburtstagskönig auf dem Thron

Für leckere Snacks und Getränke ist natürlich im Tolli-Park auch gesorgt. Geburtstagskinder können umgeben von den vielen Spielattraktionen ihren **Kindergeburtstag** feiern. Sie haben die Wahl zwischen mehreren Arrangements. Im **Happy Birthday Geburtstagspaket** können sieben Kinder ausgiebig den Park erkunden. Das Geburtstagskind erhält ein Geschenk und ein Geburtstagstisch wird reserviert. Beim **Tolli Geburtstagspaket** lassen sich die Jungen und Mädchen zusätzlich an einem dekorierten Geburtstagstisch eine große Portion Pommes mit Ketchup/Mayo, ein großes Popcorn und ein Milch Mini Eis schmecken. Dazu gibt es ein großes Getränk für jedes Kind. Außerdem kann **Ollis Geburtstagsshow** für 50 € dazu gebucht werden. Hier erwartet die Partygesellschaft ein Showprogramm, ein Geburtstagsständchen und spannende Spiele.

109

42 Indoor-Kart Wittlich
Mit »heißen« Reifen in die Kurve

Ein Heidenspaß für junge und ältere PS-Liebhaber ist das Kartfahren in der Indoor-Karthalle Wittlich. Eine 2000 Quadratmeter große Rennstrecke erwartet die Besucher unter dem geschützten Dach. Der ultimative Geschwindigkeitsrausch ist garantiert!

■ **Anfahrt:** Mit dem Auto: Über die A 1 bis Wittlich-Mitte und B 49. Mit dem Bus: Vom Hbf. Wittlich mit Bus 302.

■ **Öffnungszeiten:** Di–Do 16–22 Uhr, Fr 16–23 Uhr, 12–23 Uhr, So u. Feiertage 12–22 Uhr.

■ **Preise:** Einzelfahrten 10 Min.: 9 €, 4er-Karte: 34 €, 10er-Karte: 80 €, Sturmhaube: 1 €.

■ **Altersempfehlung:** Ab 7 Jahre.

■ **Einkehr:** Im Bistro.

■ **Info:** Karthalle Wittlich, Otto-Hahn-Str. 17, 54516 Wittlich, Tel. 06571/96 94 94, www.karthalle-wittlich.de.

Purer Geschwindigkeitsrausch

Einen ganz besonderen Kick gibt das Fahren in den leistungsstarken Karts der Indoor-Karthalle in Wittlich. Schon beim Eintreffen steigt den Eltern und Kindern der Geruch von Motoren und Reifen in die Nase. Fast wie auf einer Profi-Rennbahn ist auch die Atmosphäre. Mit ernster Mimik steigen viele Rennfahrer in ihre Karts, um dann kräftig aufs Gas zu treten. Natürlich ist für das entsprechende Equipment gesorgt. Hier auf der Rennstrecke gilt Helmpflicht. Die Helme und auch die Handschuhe werden von der Karthalle kostenlos zur Verfügung gestellt. Die dazugehörigen Sturmhauben können für einen Euro entsprechend gekauft werden.

Auch auf die Sicherheit wird sehr viel Wert gelegt. Alle Karts sind mit Katalysatoren ausgestattet. Ebenfalls können die Geschwindigkeiten der

Karts mithilfe einer Fernbedienung von den Mitarbeitern heruntergesetzt werden.

Außerdem haben sich alle Mitfahrer auf der Rennbahn an gewisse **Bahn-regeln** zu richten. Wer sich nicht daran hält, bekommt Verwarnungen und wird gegebenenfalls aus dem Rennen herausgezogen. So gilt es beispielsweise, seinen Vordermann nicht zu rempeln, die Hände nicht vom Lenkrad zu nehmen oder auch die entsprechenden Flaggen zu beachten. Wer die Bahnregeln beachtet, der wird eine Menge Spaß haben! Eine Vielzahl von Kurven wollen gemeistert werden, und das auch möglichst schnell. Da weht einem schon einmal richtig der Fahrtwind um die Nase und die Zuschauer sehen gebannt den Fahrern zu.

Alle Karts in der Indoor-Karthalle Wittlich verfügen über eine **computergesteuerte Zeitmessanlage**. Zwei Monitore geben über die Rundenanzahl des Fahrers, seine Rundenzeit wie auch seine schnellste Rundenzeit Auskunft. Im Anschluss an jedes Rennen erhalten die Eltern und Kinder einen Ausdruck mit ihren erreichten Werten.

Kinder, die die Indoor-Karthalle in Wittlich besuchen und ein eigenes Kart fahren möchten, sollten mindestens 1,30 Meter groß sein. Diese Regel gilt übrigens in vielen Indoor-Karthallen. Einige Karthallen bieten allerdings auch **Tandemkarts** an, wo kleinere Kinder hinter dem Papa oder der Mama sitzen und schon einmal das Fahrgefühl genießen können.

Anschließend oder zwischen den Rennen wird in dem hauseigenen Bistro geschlemmt. Während getrunken und gegessen wird, kann durch die Panoramascheibe weiterhin das Geschehen auf der Bahn beobachtet werden.

Die Indoor-Karthalle veranstaltet zahlreiche Events. So finden hier **Kindergeburtstage**, Familienrennen wie auch Drei-Stunden-Rennen statt.

Echte Rennstrecken-Atmosphäre

43 Vulkan-Express

Mit der Schmalspurbahn durch die Eifel

Der Vulkan-Express, auch Brohltalbahn genannt, zeigt den Familien die wunderschöne Landschaft auf gemütliche Art und Weise. Die Schmalspurbahn mit einer Spurweite von einem Meter fährt im Umkreis von Niederzissen. Besonders beliebt sind die Themenveranstaltungen.

Gleichmäßig mit »Tempo 20« fährt der Vulkan-Express ruckelnd und zuckelnd seine Fahrgäste durch die einzigartige Landschaft. Die Brohltalbahn trägt seit 1977 den Namen Vulkan-Express – und das nicht zu unrecht. Denn während einer Fahrt mit ihm können die Fahrgäste die Felsformationen aus Schiefer und auch aus vulkanischem Trass- und Tuffgestein betrachten.

Die Brohltalbahn startet in Brohl und fährt nach Schweppenburg-Heilbrunnen. Von dort aus geht es nach Bad Tönisstein, Burgbrohl und nach Weiler. Wer nicht aussteigt, erreicht nach etwa zehn Kilometern Niederzissen und danach Oberzissen. Die letzten Stationen sind dann Brenk und Engeln.

■ **Anfahrt:** Mit dem Auto: Autobahn A 61 bis Abfahrt Niederzissen. B 412 folgen in Richtung Brohl/Rhein bis nach Brohl-Lützing. Vor der Eisenbahnbrücke links in die Bahnhofsstraße bis zum Bahnhof bzw. dem Parkplatz. Mit dem Bus: »Freizeitlinie Bonn-AhrRheinEifel« (Linie 820).
■ **Öffnungszeiten:** Jan.–Dez. (April–Okt. ist Saison), Fahrtbeginn in Brohl 9:30 Uhr.
■ **Preise:** Hin- und Rückfahrt Brohl–Engeln Erwachsene 12 €, Kinder (ab 6 Jahre): 6 €.
■ **Altersempfehlung:** Ab 1 Jahr.
■ **Einkehr:** Gasthaus Bahnhof Burgbrohl, Brohltalstr. 19, 56659 Burgbrohl, Tel. 02636/80 85 88.
■ **Info:** Verkehrsbüro Brohltal/Vulkan-Express, Kapellenstr. 12 (Rathaus), 56651 Niederzissen, Tel. 02636/803 03, Fahrplanansage: Tel. 02636/805 00, www.vulkan.express.de.

Gemütliche Fahrt mit der Schmalspurbahn

Die Fahrt ist ausgesprochen interessant. Ein Tunnel, eine 5,5 Kilometer lange Steilstrecke mit einer Steigung von etwa 20 Prozent wie auch zwei hohe Bahnviadukte erwarten die Familien.

Sehr beliebt sind zudem die Frühstücks-Fahrten, die zu bestimmten Terminen stattfinden. Morgens um 9.30 Uhr startet der Vulkan-Express von Brohl nach Engeln. Mit dabei ist ein Frühstückswagen, in dem die Familien ein reichhaltiges Frühstück genießen. Kinder ab sechs Jahren zahlen 11,25 € und Erwachsene 22,50 €.

Zur Schlachtfest-Fahrt Ende Oktober erwarten die Fahrgäste herzhafte Genüsse in der Royals Vulkan-Stube. Wellfleisch, Kasseler, kleine Schweinshaxen, Sauerkraut und Püree lassen sich die Fahrgäste der Brohltalbahn schmecken. Am Morgen ist die Hin- und am Nachmittag die Rückfahrt.

Gleich mehrmals fährt der **Nikolaus** höchstpersönlich im Vulkan-Express in der Weihnachtszeit mit. Die Fahrt durch das verschneite Brohltal ist nicht nur ein Highlight für Kinder, sondern gefällt auch Erwachsenen. In Schweppenburg steigt dann endlich der begehrte Nikolaus zu. Mit seinem dicken Rauschebart und dem Geschenksack auf dem Rücken ist er schon den Kleinsten wohlbekannt. Im Zug heißt er jedes Kind willkommen und überreicht ihm eine kleine Nikolaustüte. So wird die Fahrt gleich zusätzlich versüßt. Die Kosten für die Nikolausfahrt betragen für Kinder 10 € und für Erwachsene 12 €.

44 Jugendkunstschule der Bleiberger Fabrik in Aachen

Wie aus Kindern kleine Künstler werden

Kinder jeden Alters betätigen sich kreativ in der Bleiberger Fabrik. Hier wird in der Jugendkunstschule gefilzt, in der Holzwerkstatt gesägt oder man widmet sich der Mosaikgestaltung. Seit 1980 ist in der Bleiberger Fabrik das Werk- und Bildungszentrum untergebracht.

■ **Anfahrt:** Mit dem Auto: Über die A 4, A 544 oder B 1 auf die B 264. Zu Fuß: 200 m vom Bahnhof Aachen-Schanz.
■ **Öffnungszeiten:** Bürozeiten Mo–Fr 9–17 Uhr (erste Trimesterwoche 9–18 Uhr).
■ **Preise:** Je nach Workshop.
■ **Altersempfehlung:** Ab 2,5 Jahren.
■ **Info:** Werk- und Bildungszentrum Bleiberger Fabrik, Bleiberger Str. 2, 52074 Aachen, Tel. 0241/820 64, www.bleiberger.de.

Die Bleiberger Fabrik ist ein ehemaliges Fabrikgebäude in Aachen, das einst im Jahr 1881 für die Spinnölfabrikation der Firma Detilleux erbaut wurde. Mehrere Handwerksbetriebe hatten nachfolgend ihren Sitz in dem Gebäude, bis es schließlich im Jahr 1979 vom Jugendwerk für internationale Zusammenarbeit e. V. gekauft und renoviert wurde.

Heute sorgen eine Reihe von Dozenten und Künstlern wie auch ehrenamtliche Mitglieder für eine sinnvolle Vielfalt von Kursen für Erwachsene und Kinder. Ein Beispiel dafür ist die Jugendkunstschule, die mehrere Angebote für die Jungen und Mädchen bereithält.

So können Kinder ab zehn Jahren sich im Breakdance üben oder die Kinder ab sechs Jahren im Farblabor mit Wasser und Licht experimentieren.

In der Filzwerkstatt entstehen regelmäßig kleine Taschen, Schmuck oder auch Schmusetiere, während in der Holzwerkstatt gesägt, gefeilt und gelackt wird.

Kreative Hände

In der Kinderkunstwerkstatt probieren die Vierjährigen unter Anleitung das Arbeiten mit Pappmaschee, Ton oder auch das Malen mit Farben. Aber auch Kinder ab 2,5 Jahren sind hier nicht untätig. Im Beisein von Papa oder Mama sammeln sie erste Erfahrungen mit Papier, Farben und Ton.

Wie man Kissen mit interessanten Elementen bestickt oder auch Taschen nach eigenen Entwürfen näht, kann ebenfalls in der Jugendkunstschule erlernt werden. Zudem beschäftigen sich die Kinder und Jugendlichen mit dem Herstellen von Trickfilmen, mit dem Erlernen von Zaubertricks oder auch dem intensiven Zeichnen und Malen.

In allen Schulferien finden **musisch-kreative Werkwochen** statt. Kinder ab sieben Jahren entfalten während dieser Zeit ihre eigene Kreativität in den von ihnen gewählten Kursen. Ganz intensiv setzen sich die Jungen und Mädchen hier mit der Malerei, dem Arbeiten mit Holz, der Bildhauerei, dem Entwickeln eines Films oder dem Theater auseinander.

Malen und Gestalten in der Bleiberger Fabrik

Eine Werkwoche dauert vier bis fünf Tage und kann mit und ohne Übernachtung gebucht werden. Unter der Internetseite www.werkwochen.de erhalten die Familien ausführliche Informationen zu den jeweiligen Werkwochen und die Möglichkeit sich anzumelden.

Für Erwachsene gibt es ebenfalls die Gelegenheit, sich in der Bleiberger Fabrik zu betätigen. Kunstkurse, Tanzworkshops oder auch das Erlernen von Sprachen werden neben Entspannung und Körperarbeit angeboten.

Tipp
Kinder im Alter von vier bis zwölf Jahren können in den Räumen der Bleiberger Fabrik ihren Kindergeburtstag feiern. Je nach gewähltem Thema matschen sie mit Pappmaschee, arbeiten mit Ton, spielen Theater oder tanzen. Die Kosten betragen für eine Gruppe von zehn Kindern 80 €, wobei der Preis die Materialien beinhaltet.

45 Lava-Dome Mendig

Dem Geheimnis der Vulkane auf der Spur

Welches Kind wünscht sich nicht, einmal bei einem Vulkanausbruch live dabei zu sein. Im Lava-Dome in Mendig wird dieser Traum Wirklichkeit, ohne dabei in Gefahr zu kommen. Zudem erfahren die Besucher viel Wissenswertes rund um das Thema Vulkanismus.

Helle Begeisterung!

Das Deutsche Vulkanmuseum »Lava-Dome« in Mendig bringt die Besucher zum Staunen. In einer interaktiven Ausstellung erhalten sie viele Informationen zum Thema Vulkanismus. Drei Ausstellungsbereiche »Im Land der Vulkane«, »Vulkanwerkstatt« und die »Die Zeit der Vulkane« stehen den Familien zum Entdecken zur Verfügung. Die gesamte Ausstellungsfläche im Lava-Dome umfasst etwa 770 Quadratmeter.

Im Foyer erwartet das »Landschaftsrondell« die Ankömmlinge. Hier erhalten sie einen Eindruck von der Vielzahl der Einrichtungen und Landschaftsdenkmäler, die im Vulkanpark bestehen.

■ **Anfahrt:** Mit dem Auto: Aus Richtung Köln A 61, Ausfahrt Mendig/Maria Laach. Weiter über die B 262 Richtung Mendig/Lava-Dome/Lavakeller. Mit der Bahn: Vom Bahnhof Andernach mit der Regionalbahn bis zum Bahnhof Mendig. Von dort zu Fuß stadteinwärts (rechts) immer der Hauptverkehrsstraße bis zur Brauerstraße 1 folgen.
■ **Öffnungszeiten:** Di–So 10–17 Uhr (Einlass bis 16.45 Uhr). Während der Sommerferien in Rheinland-Pfalz und Nordrhein-Westfalen auch montags geöffnet. Ab Ende der Weihnachtsferien in RLP und NRW bis 31. Jan. geschlossen.
■ **Preise:** Lava-Dome mit Lavakeller: Kinder: 5,30 €, Erwachsene: 6,80 €, Lava-Dome: Kinder: 3,30 €, Erwachsene: 4,80 €, Lavakeller mit Führer: Kinder: 2,50 €, Erwachsene: 3,60 €.
■ **Altersempfehlung:** Ab 4 Jahren.
■ **Info:** Lava-Dome, Brauerstr. 1, 56743 Mendig, Telefon: 02652/939 92 22, www.lava-dome.de.

Die 3-D-Show ist besonders für Kinder beeindruckend. Hier können sie erleben, mit welcher Wucht und Energie ein Vulkan ausbricht. In der Vulkanwerkstatt gibt es eine Spielewelt, in der Märchen erzählt werden. Zudem gibt es zehn interaktive Stationen, wo die Kinder wie auch Eltern experimentieren können. Ganz spielerisch erfahren sie hier viel Wissenswertes rund um die Vulkane.

Fasziniert lauschen die Besucher den sprechenden Steinen oder informieren sich über die aktuellen Vulkanausbrüche an den Monitoren. Ein besonderes Highlight ist im Rundkino zu erleben. Die Familien werden Zeuge einer fiktiven Nachrichtensendung, die sich mit dem erneuten Ausbruch des Laacher-See-Vulkans beschäftigt.

Tipp

Vom Lava-Dome aus fährt der Vulkanbus Nr. 312 nach Maria Laach, Bell, Ettringen bis nach Mayen. Hier können die Besucher noch mal die typische Vulkanlandschaft bewundern. Die erste Fahrt beginnt Mo–Fr 8.45 Uhr, Sa, So und feiertags 9.45 Uhr.

Nach dem Besuch der drei Ausstellungsbereiche begeben sich die Eltern und Kinder in die Lavakeller von Mendig. Über drei Quadratkilometer erstrecken sich die **historischen Lavakeller i**n etwa 30 Metern Tiefe unter der Stadt. Diese können im Rahmen einer Führung ausgiebig in Augenschein genommen werden. Warme Kleidung und feste Schuhe sind dabei sehr empfehlenswert! Die Führungen durch den Lavakeller finden dienstags bis freitags um 13.30 Uhr statt, an Samstagen, Sonntagen und Feiertagen sowie in den Ferien in Rheinland-Pfalz und Nordrhein-Westfalen täglich um 12, 13.30 und 15 Uhr.

Wer dann noch Zeit hat, der kann sich in der Brauerstraße, etwa 300 Meter vom Lava-Dome entfernt, einen Einblick in die **Mendiger Steinmetztradition** verschaffen. Zu sehen sind eine Steinmetzhütte wie auch ein Grubenkran, der Schläsch-Express, der ein Nachbau einer alten Grubenbahn ist, wie auch ein tuffsteinerner Römerbrunnen. Die Museumslay ist kostenlos zugänglich und kann jederzeit besichtigt werden.

Den Vulkanismus erforschen

117

*Sommerfreuden und
Planschvergnügen*

Schwimmbäder und Badeseen

46 Ahr-Resort

Pure Entspannung

Im Ahr-Resort in Bad Neuenahr erholen sich die Familien vom stressigen Alltag. Neben einem Innen- und Außenbereich verfügt das Resort zudem über eine schöne Saunalandschaft. Die Entspannung steht hier im Vordergrund!

■ **Anfahrt:** Mit dem Auto: Über die A 573 oder A 61, A 571 auf die B 266, Hauptstraße und Landgrafenstraße. Zu Fuß: Vom Hbf. Bad Neuenahr sind es nur ca. 250 Meter.

■ **Öffnungszeiten:** Täglich 9–23 Uhr.

■ **Preise:** 2 Stunden Mo–Fr 10 €, Sa, So u. Feiertage 12 €, Tageskarte Mo–Fr 15 €, Sa, So u. Feiertage 17 €; Abendticket (17–23 Uhr) Mo–Fr 11 €, Sa, So u. Feiertage 13 €; Kinderticket (4–14 Jahre) täglich 9–18 Uhr 8 €.

■ **Altersempfehlung:** Ab 4 Jahre.

■ **Einkehr:** Im Biergarten oder im Restaurant des Ahr-Resorts.

■ **Info:** Ahr-Resort Bad Neuenahr, Felix-Rütten-Str. 3, 53474 Bad Neuenahr-Ahrweiler, Tel. 02641/80 11 00, www.ahr-resort.de.

Oase der Entspannung

Die »Königin der Tafelwasser« spielt in den Ahr-Thermen eine wesentliche Rolle. Das Wasser der Bad Neuenahrer Quelle ist mittlerweile über die Grenzen hinweg bekannt. In den Ahr-Thermen baden Eltern und Kinder in genau diesem Wasser, das aus einer vulkanischen Tiefe von 359 Metern emporsteigt. Die Wärme des 31 Grad warmen Mineralwassers wirkt sich positiv auf Körper und Geist aus und lässt den Alltag schnell vergessen.

Im Innenbereich des Ahr-Resorts gibt es verschiedene Thermalbecken und Süßbecken, in denen die Familien genüsslich relaxen. Ebenfalls für

Erholung sorgen die Whirlpools. Das blubbernde Wasser löst leichte Verspannungen und das immerwährende Glucksen als gleichmäßige Geräuschkulisse wirkt sehr beruhigend. In den Strömungskanälen lassen sich die Badegäste einfach treiben. Sie genießen ihre Leichtigkeit und das Gleiten in dem wohltuenden Nass. Zudem gibt es Sprudelliegen und Schwallduschen, die die Körper von Klein und Groß massieren.

Das Außenbecken ist gleichfalls sehr beliebt. Auch wenn kühlere Außentemperaturen herrschen, wird ein Bad hier als angenehm empfunden. Im Außenbereich finden die Besucher noch einen Liegebereich, der gerade bei schönem Wetter gern genutzt wird.

Ein weiteres Areal ist die Saunalandschaft im Innen- wie auch im Außenbereich. Saunen mit Temperaturen von 42 Grad bis zu 100 Grad können im Innenbereich ausprobiert werden. Eine Saunabar wie auch ein Ruhebereich sind ebenfalls hier zu finden. Der Außenbereich verfügt dagegen über ein Biotop, eine Aroma-Sauna, eine Galerie-Sauna wie auch über ein Ruhehaus. Der Vita-Parcours und die Event-Sauna sind neben dem Außenbecken weitere Einrichtungen.

Tipp
Jeden Freitagnachmittag sind die Minis im Alter ab vier bis fünf Monaten im Therapiebecken beim Babyschwimmen des Ahr-Resorts zugegen. Unter Anleitung werden sie langsam mit dem feuchten Element vertraut gemacht. Die Familienbildungsstätte Bad Neuenahr-Ahrweiler nimmt Anmeldungen unter Tel. 02641/270 39 oder online unter www.fbs-bna.de entgegen.

Das Restaurant in den Ahr-Thermen verwöhnt Eltern und Kinder mit regionalen und mediterranen Speisen. Ein Wohlfühl-Frühstück oder das Ahr-Resort-Frühstück am Morgen, leckere Salatteller wie auch Suppen, Baguettes und Nudelgerichte werden täglich angeboten. Für Kinder gibt es in der Zeit von 11.30 bis 16 Uhr eine eigene Kinderkarte. Diese beinhaltet Goldgräber- oder Piratenteller, Zaubernudeln oder auch den Eiszwerg »David« zum kleinen Preis. Gerne ordern Familien auch den kostenlosen Räuberteller. Der Teller mit Besteck lädt zum Mopsen von den Leckereien bei den Großen ein.

Erste Schwimmübungen

47 Eifelbad Bad Münstereifel

Badespaß für Wasserflöhe

Ein spritziges Vergnügen für die ganze Familie bietet das Eifelbad in Bad Münstereifel an. Planschen macht hier richtig Spaß! Doch auch Sportler fühlen sich im Eifelbad gut aufgehoben.

Abenteuerliche Wasserattraktionen im Eifelbad in Bad Münstereifel lassen keine Langeweile aufkommen. Das Familien-Spaßbad hält für jede Altersgruppe entsprechende Attraktionen bereit. Die Kleinsten innerhalb der Familien fühlen sich gleich vom Kinderspielbecken magisch angezogen. Ein kleines Becken mit Klettergrotte inspiriert zu vielfältigen Spielmöglichkeiten. Zudem gibt es eine Wasserrutsche für die kleinen Zwerge. Massagedüsen und Luftsprudelbecken locken außerdem den Nachwuchs immer wieder an.

Sportlich ambitionierte Familienmitglieder trainieren im Schwimm- und Sportbecken des Eifelbades. Ganz mutige Erwachsene und Kinder wagen sogar einen Sprung aus einer Höhe von einem oder drei Metern. Wenn der Sprung auch noch elegant aussieht, darf sich der Springer über all-

---

■ **Anfahrt:** Mit dem Auto: Über die A 1, Ausfahrt Bad Münstereifel, oder die A 61 bis Ausfahrt Rheinbach. Mit dem Bus: Ab Bahnhof Bad Münstereifel mit dem Bus 801 bis zum Eifelbad.

■ **Öffnungszeiten:** Sommerzeit: Mo 12–21 Uhr, Di–Fr 11.30–21 Uhr, Sa 10–20 Uhr, So u. Feiertage 9–20 Uhr; Winterzeit: Mo 12–21 Uhr, Di–Fr 11.30–21 Uhr, Sa 10–19 Uhr, So u. Feiertage 9–19 Uhr.

■ **Preise:** Freizeitbad Erwachsene: Tageskarte 5,50 €, Zeittarif 2 Stunden: 4,50 €. Freizeitbad Kinder/Jugendliche (3–17 Jahre): Tageskarte 4 €, Zeittarif 2 Stunden: 3 €. Familien-Tageskarte: Familien ab 3 Personen 15 % Ermäßigung auf alle Einzeltarife, Familien-Tageskarte: 2 Erwachsene u. 3 Kinder ab 3 Jahre: 16 €.

■ **Altersempfehlung:** Ab 0 Jahre.

■ **Einkehr:** Restaurant Euphrat im Eifelbad.

■ **Info:** Eifelbad, Dr.-Greve-Str. 16, 53902 Bad Münstereifel, Tel. 02253/54 24 50, www.eifelbad.com.

gemeine Beifallsbekundungen freuen. In direkter Nähe befindet sich ein Nichtschwimmerbecken, in dem viele Jungen und Mädchen an ihren ersten Schwimmübungen feilen oder mit Mama und Papa das Tauchen üben.

Entspannt dagegen relaxen die Badenixen und Piraten im Whirlpool. Neben dem Whirlpool im Innenbereich gibt es noch einen im Außenbereich des Freizeitbades. Die Suhle ist ein weiteres Angebot, um zur Ruhe zu kommen. 36 Grad warm ist hier das Wasser!

Das unbestrittene Highlight für Kids ist allerdings die Riesenrutschbahn. Mit viel Gelächter und Schwung sausen sie in das Außenbecken des Eifelbades. Dort werden sie schon von ihren Eltern erwartet, die das Baden inmitten der Luftsprudel- und Massagedüsen genießen.

Im **Saunabereich** des Eifelbades genießen die Familien die wohlige Wärme. Eine Finnische Doppelsauna-Anlage, eine Panorama-Blockhaus-Sauna und eine Kräuter-Vital-Sauna gibt es neben dem großen Saunagarten zu erkunden.

Flottes Rutschvergnügen

Regelmäßig gibt es für die Jungen und Mädchen im Eifelbad viel Unterhaltung. Einmal im Monat – jeweils am Sonnabend – findet »Fun für Kids« statt. Zwei Stunden lang können sich die Kinder bei Wettbewerben beweisen und bei Musik ausgiebig planschen.

Zudem finden fortlaufende Kurse statt. Die Kinder können das Schwimmen erlernen, dem Schwimmklub beitreten oder auch Aquafitness betreiben. Babyschwimmen und Schwimmkurse für Kinder ab vier Jahren stehen gleichfalls auf dem Programm. In den Sommerferien gibt es stets Intensiv-Schwimmkurse.

Für das leibliche Wohl ist gleichfalls gesorgt. Im Restaurant Euphrat lassen sich die Familien Salat oder auch Pizza schmecken.

> **Tipp**
> Das Eifelbad veranstaltet Kindergeburtstage! Anfragen unter Tel. 02257/959 57 20 oder 02257/959 57 21 bzw. Mobil 0176/22 84 98 75.

48 Cascade Bitburg

Badefreuden mit hohem Spaßfaktor

Wasserspaß und Entspannung stehen in dem Erlebnisbad Cascade in Bitburg an erster Stelle. Für Abwechslung sowohl für große als auch für kleine Badegäste ist gleichfalls gesorgt.

Abenteuer im Erlebnisbecken

Eine großartige Wasserwelt gibt es im Cascade Erlebnisbad in Bitburg zu entdecken. Insgesamt bietet es 300 Quadratmeter an Wasserfläche. Ein großes Highlight ist die 55 Meter lange Black-Hole-Röhrenrutsche, die die Badegäste zu zahlreichen Rutschmanövern animiert.

Aber auch das Erlebnisbecken erfreut sich großer Beliebtheit. Kaum können es die Kids erwarten, wie Tarzan an den Hangelnetzen entlangzuklettern oder im Strömungskanal die Wasserkräfte zu spüren. Eine Steilrutsche wie auch die Wasserspeier fordern ebenfalls die kleinen und großen Wasserflöhe heraus.

■ **Anfahrt:** Mit dem Auto: Über die A 60 und B 50 oder B 51 nach Bitburg. Alternativ: Vom zentralen Busbahnhof zu Fuß nur 5 Gehminuten.

■ **Öffnungszeiten:** Erlebnisbad: Mo–Fr 10–22 Uhr, Sa, So u. Feiertage 9–22 Uhr. Aufgrund von städtischem Schulsport steht das Sportbecken während der Schulzeit wochentags zwischen 10 und 13 Uhr nicht zur Verfügung. Diese Regelung gilt nicht in den Schulferien von Rheinland-Pfalz. Freibad: Mitte Mai bis Mitte Sept. Mo–Fr 10–20 Uhr, Sa, So u. Feiertage 9–20 Uhr.

■ **Preise:** Erlebnisbad: Erwachsene: 2-Stunden-Karte 4,40 €; Tageskarte: 7,50 €. Kinder (bis einschl. 17 Jahre): 2-Stunden-Karte: 2,70 €, Tageskarte: 4,80 €. Kinder unter 1 m Körpergröße haben freien Eintritt.

■ **Altersempfehlung:** Ab 0 Jahre.

■ **Einkehr:** Im Cascade Erlebnisbad.

■ **Info:** Cascade Erlebnisbad mit Saunawelt, Talweg 4, 54634 Bitburg, Tel. 06561/968 30, www.cascade-bitburg.de.

Die ganz Lütten erforschen ihre Grenzen im Planschbecken und Kinderspaßbereich. Rutsche, Wasserspeier, Spielzeug – für die Kleinen gibt es viele Möglichkeiten, sich im Wasser zu amüsieren. Als besonderer Service stehen zudem Baby-Laufställe und ein Wickeltisch bereit. Im Sportbecken üben sich die Kinder und Erwachsenen im Brust- und Rückenschwimmen. Das 25-Meter-Becken verfügt über drei Bahnen, die von den Schwimmern auch rege genutzt werden. Außerdem gibt es noch einen Sprungturm, von dem die Tapferen aus einer Höhe von einem bzw. drei Metern pfeilschnell ins Wasser zischen.

Der Saunabereich zeichnet sich gleichfalls durch eine bunte Vielfalt aus. Innen- und Außensauna, darunter Finnische und Römische Saunen und ein Türkisch-Osmanisches Dampfbad lassen die Saunagänger entspannen.

In der heißen Jahreszeit öffnet außerdem das **Freibad** seine Pforten. Ein Sportbecken mit Sprungturm, ein Nichtschwimmerbecken mit zwei Rutschen wie auch Planschbecken können genutzt werden. Nach den Wasservergnügungen relaxen die Familien auf der Liegewiese oder auf den Sonnenliegen im Planschbeckenbereich.

Eine Reihe von Schwimmkursen stehen im Cascade Erlebnisbad zur Auswahl. Für die Kleinsten gibt es das **Babyschwimmen** ab einem Alter von zwölf Wochen. Kleinkinderschwimmen mit Eltern, Anfängerschwimmen ab fünf Jahren wie auch Wassergymnastik für die Erwachsenen werden regelmäßig angeboten. Daneben können sich die Familien bei der **Eltern-Kind-Sauna** erholen und an Wasser-Partys teilnehmen. So werden Kinderspielnachmittage oder auch Sommer-Pool-Partys durchgeführt.

Eine reichhaltige Auswahl an leckeren Speisen und Getränke hält die Gastronomie im Cascade Erlebnisbad bereit. Außerdem gibt es in der Saunawelt eine Saunabar und einen Freibadkiosk auf der Sonnenterrasse.

Tipp
Vier Stunden lang erobern das Geburtstagskind und seine Freunde das Cascade Erlebnisbad beim Kindergeburtstag. Zwischendurch genießen sie den Aquarelli-Spezialteller mit Pommes frites, Hamburger und Chicken Nuggets, Fischstäbchen, Spaghetti mit Tomatensoße und für jedes Kind ein Getränk (0,2 l). Das Geburtstagskind feiert gratis, während für jedes Gastkind 8,50 € fällig werden. Der Kindergeburtstag sollte rechtzeitig unter Tel. 06561/968 30 reserviert werden.

49 Eifel-Therme Zikkurat

Wasserspaß drinnen wie draußen

**Eine ausgedehnte Bade- und Saunalandschaft bietet das Erlebnis-
bad in Mechernich seinen Besuchern. 13 000 Quadratmeter stehen
den Familien zum Entdecken zur Verfügung. Badespaß und Erholung
sind in der Eifel-Therme Zikkurat garantiert.**

Wasserschlacht im Kinderbecken

Das ganze Jahr über hat die Eifel-
Therme Zikkurat geöffnet. Das
Wasser im Erlebnisbecken enthält
Salz, das als natürlicher Schutzmantel für die Haut dient. Ein Klet-
ternetz, vier Wasserfälle, eine Luft-
sprudelbank, drei Nackenduschen
sowie ein Strömungskreisel sorgen
für genug Action. Von hier aus gelangen die Familienmitglieder mithilfe des Durchschwimmkanals
zum Außenbecken.

■ **Anfahrt:** Mit dem Auto: Über die A 1 und B 266 nach Mechernich/Firmenich.
Mit dem Bus: Vom Bahnhof Salzvey mit dem Bus 868 bis Firmenich Eifel-Therme.
■ **Öffnungszeiten:** Freizeitbad: Mo–Fr 11–21 Uhr, Sa 10–21 Uhr, So u. Feiertage 10–
20 Uhr; Sauna: Mo–Do 11–22 Uhr, Fr–Sa 11–23 Uhr, So 10–21 Uhr, an Tagen vor Feierta-
gen bis 23 Uhr. In den Ferien öffnet die Eifel-Therme Zikkurat Mo–So bereits um 10 Uhr.
■ **Preise:** Tageskarte Freizeitbad: Erwachsen: 6,80 €, Kinder: 4,30 €, Familien (2 Erw.u.
2 Kinder): 19 €; Tageskarte inkl. Sauna: Erwachsene: 17 €, Kinder: 14 €, Familien
(2 Erw.u. 2 Kinder): 56 €. Rabatte durch Wertkartensystem möglich.
■ **Altersempfehlung:** Ab 1 Jahr.
■ **Einkehr:** Gastronomie im Obergeschoss, Sauna-Gastronomie und Bistro im
Saunagarten.
■ **Info:** Eifel-Therme Zikkurat, An der Zikkurat 2, 53894 Mechernich,
Tel. 02256/957 90, www.eifel-therme-zikkurat.de

Regelmäßig trainieren die sportlichen Eltern und Kinder ihre Ausdauer im Sportbecken im Erlebnisbad. Eine Sprunganlage mit einem Ein- und einem Drei-Meter-Brett zieht besonders die Wagemutigen an.

Ebenfalls ein ganz besonderes Vergnügen ist die 50 Meter lange Wasserrutsche. Mit ihrem Gefälle von ca. acht Prozent sorgt sie für rasante Rutschpartien. Der Whirlpool oder auch die vielen kostenlosen Liegen können dagegen zur Entspannung genutzt werden.

Die ganz kleinen Mädchen und Jungen fühlen sich in dem **Kleinkindbereich** der Eifel-Therme gut aufgehoben. Ein Wasserrad, Wassersprudler wie auch Spielsachen regen zu fröhlichen Spielen an. Die Wassertiefe beträgt hier auch nur 0,15–0,45 Meter bei etwa 33 Grad.

Der Saunabereich der Eifel-Therme Zikkurat teilt sich in einen Innenbereich und einem Saunagarten auf. Im Innenbereich finden die Eltern und Kinder eine Jalo-Sauna (Rosenquarz-Sauna), ein Sanarium wie auch ein Dampfbad und einen Ruheraum vor. Der Saunagarten beherbergt dagegen die 90 Grad warme »Piha«-Sauna, die »Maa«-Sauna, in der Temperaturen von 105 bis 110 Grad herrschen, oder auch die große »Meri«-Sauna mit dem wunderschönen Blick auf den Schwimmteich.

Tipp
An den Junior-Spaß-Tagen gibt es besondere Wasserspiele und Aktionen für den Nachwuchs im Erlebnisbad. Außerdem kostet die Familientageskarte »Bad« für Kinder und Erwachsene nur 15 € statt 19 €.

Regelmäßig werden in der Eifel-Therme Zikkurat Schwimmkurse für Kinder ab fünf Jahren veranstaltet. Am Ende eines solchen Kurses können die Jungen und Mädchen stolz das »Seepferdchen« vorweisen.

Auch sehr beliebt sind die **Kindergeburtstage**. Das Geburtstagskind erhält an diesem Tag kostenlosen Eintritt in die Badewelt und der Eintritt für die Gäste reduziert sich um zehn Prozent. Toben und Spielen stehen natürlich im Vordergrund. Als Geburtstagsessen bietet sich ein Geburtstagsmenü an. Sechs Menüs für je 6 € stehen zur Auswahl. Eine rechtzeitige Anmeldung ist empfehlenswert. Die Partys finden nur montags bis samstags statt.

Actionreiche Attraktion

127

50 Freibäder und Badeseen

Im Sommer freuen sich auch die Bewohner und Touristen der Eifel über eine Abkühlung. Freibäder, Naturbadeseen oder auch Wassersportseen erfreuen sich aus diesem Grund großer Beliebtheit. Schwimmen, Tauchen, Surfen – viele Angebote können genutzt werden.

Freibäder

■ **Freibad Abenden**, Rurweg, 52385 Nideggen-Abenden: Mitten im Grünen gelegen, bietet das Freibad wunderbare Erfrischung. Die Liegewiese mit Schattenplätzen wird zudem gern von den kleinen und großen Badegästen genutzt.

■ **Twin-Freibad Bad Neuenahr**, Am Gartenschwimmbad 21, 53474 Bad Neuenahr-Ahrweiler. Eine Riesenrutsche ist das große Highlight bei den Jungen und Mädchen. Ansonsten verfügt das Freibad über ein Sportbecken, ein Kleinkinderbecken, eine Beachvolleyballanlage und eine Cafeteria. Zum Entspannen lädt die Liegewiese ein.

■ **Freibad Diana**, Auf der Sees, 56864 Bad Bertrich. Das beheizte Wald-Freibad wartet mit einem Plansch-, Nichtschwimmer- und Schwimmerbecken mit Sprunganlage und großer Rutschbahn auf. Eine große Liegewiese und ein Café gibt es außerdem.

■ **Freibad Heimbach**, Auf Wissen Woog, 52396 Heimbach. Mit 24 Grad Wassertemperatur bietet das Freibad Eltern und Kindern die richtige Erfrischung bei heißen Temperaturen. Das große Beachvolleyballfeld wird gern für sportliche Aktivitäten genutzt.

Wasserspaß im Sommer

■ **Freibad in Kelberg**, Am Schwimmbad 3, 53539 Kelberg. Ein beheiztes Schwimmer- und Nichtschwimmerbecken, ein Sprungturm und ein Planschbecken stehen den Ausflüglern zur Betätigung zur Verfügung. Am Kiosk stärken sie sich mit leckerem Eis und schmackhaften Pommes.

■ **Freibad Kyllburg**, Annenberg 2, 54655 Kyllburg. Nichtschwimmer-, Schwimmer- und ein Springerbecken, eine 57 Meter lange Rutschbahn, ein Kinderplanschbecken, Beachvolleyball und Basketballkörbe, Tischtennisplatten und ein kleiner Kinderspielplatz sind im Freibad Kyllburg die Attraktionen. Auf der Sonnenterrasse kann man nicht nur die Sonne, sondern auch den Snack oder das kühle Getränk genießen.

Sandeln im Freibad

■ **Waldfreibad Stadtkyll**, Wirftstr. 1, 54589 Stadtkyll. Ein Schwimmerbecken mit sechs 25-Meter-Bahnen, Sprungtürme mit ein, drei und fünf Metern Höhe, ein Nichtschwimmerbecken und Kinderplanschbecken sorgen dafür, dass keine Langeweile aufkommt. Die 75 Meter lange Riesenrutsche und die Breitbahnrutsche sind die absoluten Highlights bei den Kids.

■ **Freibad Oberweis**, In der Klaus, 54636 Oberweis. Das Freibad ist seit 1940 eine beliebte Adresse für die Abkühlung bei heißen Temperaturen. Für gute Laune sorgt das Spaßbecken mit Breitrutsche, Whirlpool, Bodensprudler, Wasserfall und Fontänen. Gleich nebenan gibt es das Babybecken mit Sprudeltopf und Rutsche. Auf der Freiterrasse des Freibadcafés genießen die Familien Speis und Trank und relaxen hinterher auf der großzügigen Liegewiese.

Badeseen

■ **Dürener Badesee**, Am Badesee, 52349 Düren-Gürzenich. Am weißen Sandstrand bauen die Kleinsten emsig Burgen. Hier gibt es die Gelegenheit, Beachvolleyball, Badminton, Tischtennis, Basketball oder Fußball zu spielen. Sogar Tauchen ist möglich. Die Sprunganlage auf der Badeinsel in der Seemitte ist ein Hit für die Größeren. Die Kleinsten dagegen freuen sich über den Wasserspielpark und den Kinderspielplatz mit seinen Spielgeräten.

Sommerspaß mit Wasserspielen

■ **Laacher See**, Am Laacher See, 56653 Wassenach (Maria Laach). Der Vulkansee wird von Surfern und Seglern von April bis Oktober befahren. Schwimmen ist bei der Badestelle am Campingplatz möglich. In der Nähe des Klosters befindet sich zudem ein Ruder- und Tretbootverleih.

■ **Meerfelder Maar**, 54531 Meerfeld. Innerhalb eines gekennzeichneten Bereichs am Nordufer kann gebadet werden. Auf der Liegewiese entspannen die Familien und sonnen sich. Ein Parkplatz ist ebenfalls vorhanden.

■ **Pulvermaar**, 54558 Gillenfeld. In sehr klarem Wasser können die Badegäste schwimmen oder tauchen. Für Nichtschwimmer gibt es ein geeignetes Becken neben dem Maar. Sehr empfehlenswert ist es, mit den Ruder- und Tretbooten das Eifelmaar zu erkunden.

■ **Rursee-Naturfreibad Eschauel**, 52385 Nideggen-Schmidt. Das DLRG sorgt hier für die Sicherheit. Aber auch die Eltern sollten wachsam sein und ihren Nachwuchs beim Baden im Wasser, das allen viel Vergnügen bereitet, beobachten.

Barfuß im Sand

■ **Schalkenmehrener Maar**, 54552 Schalkenmehren. Umgeben von viel Grün und schönen Ufern lädt der See zu ausgedehnten Badestunden ein. In der Badezone befindet sich auch ein extra Bereich für Nichtschwimmer. Tret- und Ruderbootfahren ist außerdem gestattet.

■ **Waldsee Rieden**, 56745 Rieden. Neben den Wasserfreuden können sich die Familien beim Tennisspielen, Bootfahren, Boccia und Schach betätigen. Für die Kleinsten gibt es einen Kinderspielplatz, auf dem sie toben können. Den Tag ausklingen lassen die Ausflügler auf dem Grillplatz.

■ **Wassersportsee**, 53909 Zülpich. Der 85 Hektar große See lädt zum Schwimmen, Tauchen, Surfen und Segeln ein. Spielgeräte für die Kids stehen gleichfalls zur Verfügung.

Hasenglück

Feste und Events

Feste & Veranstaltungen

Januar

■ Neujahrswanderung in Gerolstein: Mit Schwung geht es aktiv in das neue Jahr. – www.gerolstein.de

■ Hinein ins neue Jahr in Daun: Eine ausgedehnte Wanderung um Daun erwartet die aktiven Familien. Die Wegstrecke beträgt ca. sechs Kilometer. – www.eifelverein-daun.de

Februar

■ Burgbrennen in vielen Gemeinden: Zünftig wird hier der Winter vertrieben und der Frühling begrüßt. Jeweils am Sonntag nach Fastnacht wird ein mit Stroh umwickeltes Kreuz auf einem Strohhaufen abgebrannt.

■ Geisterzug in Blankenheim: Am Samstag vor Karneval ziehen die kleinen und großen Gespenster mit Pechfackeln durch die Nacht. Ein Augenschmaus auch für Nicht-Gespenster! – www.blangem.de

■ Karneval in Brühl: Der Karnevalszug Närrischer Elias zieht seit mehr als 40 Jahren durch die gesamte Innenstadt. Die Kinder können sich über bunte Bonbons freuen. – www.bruehler-karneval.de

■ Rosenmontagumzug in Koblenz: Bei dem Karnevalsumzug durch die Innenstadt bekommt jeder gute Laune. Über 150 000 Besucher kommen jedes Jahr zu dem fantasievollen Spektakel. – www.koblenz-touristik.de

Glamouröse Tänze

März/April

■ Eierlage in Schönecken: Jeweils am Ostermontag findet das Wettrennen um die Eier statt. Mitmachen können Kinder wie auch Erwachsene. – www.schoenecken.de

■ Internationale Wildwassermeisterschaften in Monschau auf Rur und Perlenbach: Die Meisterschaften finden jedes Jahr Ende April/Anfang Mai statt. – www.monschau.de

■ »Koblenz blüht«: Verkaufsoffener Sonntag mit vielen Mitmachaktionen für Kinder, Messen und Musik in der Innenstadt. – www.koblenz-touristik.de

Mittelalterliche Spiele

■ »Rund um das Ei« in Bad Neuenahr und Ahrweiler: Für Kinder gibt es eine ganze Palette an Angeboten. Den Mädchen und Jungen werden Geschichten vorgelesen und sie erhalten selbstverständlich bunte Ostereier. »Rund um das Ei« wird am Ostersamstag und Ostersonntag veranstaltet. – www.bad-neuenahr-ahrweiler.de

Mai

■ Eifel-Literaturfestival: Ein Muss für Literaturfans und ein Höhepunkt der Literaturszene, mit 30 Veranstaltungen in 18 Orten. – www.eifel-literatur-festival.de

■ Gymnicher Ritt: Eine Fußpilger- und Reiterprozession in Erftstadt. Das Spektakel findet jedes Jahr an Christi Himmelfahrt statt. Das Schloss Gymnich ist an diesem Tag durchgehend für Besucher zugänglich. – www.erft-stadt-gymnich.de

■ Mittelrhein-Marathon in Koblenz: Inline-Skates-Marathon, Lauf-Marathon über mehrere Kilometer wie auch Mini-Läufe für die Kleinen animieren zu sportlichen Höchstleistungen. Mitmachen darf jeder! – www.koblenz.de

Juni

■ Altstadtfest Trier: Musik, Konzerte wie auch Tanzgruppen sind beim Altstadtfest mitzuerleben. Zwischen der Porta Nigra und dem Viehmarkt ist an diesen Tagen eine Menge los. Zudem gibt es Stände mit Kunsthandwerklichem. Für Speis und Trank ist ebenfalls gesorgt. – www.altstadtfest-trier.de

■ Burgfestspiele in Mayen: Schauspiele der Weltliteratur können im Hof der Genovevaburg bestaunt werden. Für die Kinder gibt es ebenfalls Aufführungen. – www.mayen.de

■ Eifler Musikfest: Im Kloster Steinfeld mit Kammer- und Orgelkonzerten. – www.kloster-steinfeld.de

■ Internationales Gaukler- und Kleinkunstfestival in Koblenz: Künstler aus allen Bereichen präsentieren sich an diesen drei Tagen in der Innenstadt. Der Höhepunkt ist das Finale um den Kleinkunstpreis. – www.koblenz-touristik.de

■ Ritterspiele und Burgmarkt auf Burg Satzvey bei Mechernich: Ritterkämpfe, Met und auch Handwerkliches gibt es zu erleben und zu bestaunen. – www.burgsatzveyx.de

■ Spannungen: Kammermusikfest im Jugendstilkraftwerk Heimbach bei Düren. – www.spannungen.de

■ Open Air Klassik auf der historischen Burg in Monschau mit vielen Theater- und Opernhighlights. – www.monschau-klassik.de

Juli

■ Altstadtfest in Kaiserslautern: Über 50 Bands und Künstler unterhalten auf Open-Air-Bühnen die Besucher. Händler und gastronomische Stände locken zudem mit zahlreichen Angeboten. – www.kaiserslautern.de

■ Annakirmes in Düren: Achterbahn, Karussell oder auch Geisterbahn können ab Ende Juli auf dem Volksfest ausgiebig ausprobiert werden. Für Kleinkinder gibt es auch ein Kinderkarussell. Gebratenes und Gesottenes stärken die Entdecker für weitere Runden. – www.annakirmes.de

■ Dürener Jazztage: Fünf Tage lang widmen sich Cafés und andere Veranstaltungsstätten in der Innenstadt ganz dem Jazz. – www.dueren.de

■ Europäisches Folklore-Festival in Bitburg: Am zweiten Wochenende im Juli. Internationale Volkstanz- und Musikgruppen unterhalten die Familien aus Beste. – www.bitburg.de

■ Klassik auf dem Vulkan: Oper- und Musical-Open-Air am Gemündener Maar. Klassikfans können sich über ein schönes Programm freuen. Für Kinder gibt es z. B. die Aufführung einer Märchenoper. Ab Dauner Sprudel geht es gemütlich zur Spielstätte via Pendelbusservice. – www.eifel.de, www.klassikaufdemvulkan.de

■ »Rursee in Flammen«. Am dritten Wochenende im Juli werden am Ufer des Rursees in Rurberg und Waffelsbach Märkte und Konzerte veranstaltet. Dazu gibt es noch Leckereien für Klein und Groß.

■ Saugasse-Fest: In Adenau am letzten Juli-Wochenende. – www.adenau.de

August

■ Fest der 1000 Lichter in Andernach: Die Faszination des Höhenfeuerwerks ist am Rhein erlebbar. Das bunte Spektakel wird musikalisch begleitet. – www.andernach.de

■ Historisches Burgenfest auf der Niederburg bei Manderscheid: Am vierten August-Wochenende, mit Reiterkämpfen und Rittergelagen. – www.burgenfest.info

■ Koblenzer Rheinfest »Rhein in Flammen«: Ein spektakuläres Feuer-Fest. – www.koblenz.de

■ Moselfest in Winningen – Zehn Tage lang dauert das Event, das Ende August beginnt. Die Eltern können sich ein edles Tröpfchen gönnen, während die Kinder eine Saftschorle genießen. – www.winningen.de

Kinderspaß auf dem Volksfest

■ Sankt-Laurentius-Kirmes in der Leopoldstraße in Daun: Die Kirmes gehört zu den größten Volksfesten der Vulkaneifel. Samstags geht es um 14 Uhr mit dem bunten Treiben los. Süße Leckereien wie Zuckerwatte und die Fahrgeschäfte sorgen für strahlende Gesichter bei den Besuchern. www.kirmes.mv-daun.de

■ Stadtfest Düren: Traditionell öffnet das Stadtfest am dritten Wochenende im September. Stände mit attraktiven Waren wie auch gastronomische Angebote zeichnen das Fest aus. Das Kulturprogramm sorgt für Unterhaltung. – www.dueren.de

■ Stauseefest in Biersdorf bei Bitburg: Am ersten August-Wochenende mit Drachenbootrennen und Seefeuerwerk. – www.dorint.com/de/stauseefest-in-biersdorf-am-see

■ Säubrennerkirmes in Wittlich: Eine streunende Sau öffnete in längst vergangenen Jahren den Belagerern die Stadttore. Daraufhin beschloss der Stadtrat, zur Strafe alle Schweine zu verbrennen. Heute rösten auf der Kirmes ganze Schweine am Grill. Neben der Schweinshaxe gibt es noch wei-

Besucher in Feierlaune

tere leckere und vergnügliche Angebote auf der Kirmes. – www.saeu-brenner.com

■ Stadtfest in Adenau: Am letzten August-Wochenende. – www.adenau.de

September

■ Altstadtfest in Ahrweiler: Unterhaltung für die ganze Familie. – www.bad-neuenahr-ahrweiler.de

■ Buttermarktkirmes in Adenau: Am letzten September-Wochenende. – www.adenau.de

■ Herbstmarkt in Kaisersesch: Am letzten September-Wochenende. – www.kaisersesch.de

■ Tatort Eifel: Großes Krimifestival in der Vulkaneifel, das immer etwa Mitte September veranstaltet wird. – www.tatort-eifel.de

■ Schängelmarkt in Koblenz: Seit mehr als 30 Jahren findet das Stadtfest im Innenmarkt statt. Für die Unterhaltung von Groß und Klein sorgt ein Bühnenprogramm. Ansonsten laden Stände zum Verweilen ein. – www.koblenz.de

■ Weinfest in Mayschoß: Das traditionelle Fest beginnt am letzten September-Wochenende. – www.wg-mayschoss.de

■ Weinwochen in Bad Neuenahr-Ahrweiler: Am ersten September-Wochenende. – www.bad-neuenahr-ahrweiler.de

■ Winzerfest in Dernau: Die Proklamation der Weinkönigin ist der Höhepunkt. – www.dernau.de

Oktober

■ Hubertusmarkt in Brühl: Jeweils am letzten Wochenende im Oktober können die Besucher über den Hubertusmarkt in der Innenstadt von Brühl schlendern. – www.bruehl.de

■ Gerolsteiner Sprudelfest: Das Stadtfest mit einem kleinen Mittelalterbereich verzaubert die Besucher mit Theateraufführungen und Feuershow. – www.gerolstein.de

■ Lukasmarkt in Mayen: Ein riesiger Jahrmarkt mit vielen Attraktionen für die kleinen Leute. – www.mayen.de

■ Mittelalterlicher Hexen- und Magiermarkt in Mayen: Im Burggelände gibt es Handwerksstände zum Staunen und viele Schmankerl zum Probieren. – www.mayen.de, www.mayenzeit.de

November

■ Weihnachtsmarkt Kaiserslautern: Rund um die Stiftskirche und auf dem Schillerplatz kann auf dem anheimelnden Weihnachtsmarkt gebummelt werden. Kunsthandwerkliche Produkte können neben köstlichen Leckereien wie kandierten Äpfeln erworben werden. Der Weihnachtsmarkt hat ab 10 Uhr geöffnet. – www.kaiserslauter.de

■ Weihnachtsmarkt in Trier: Über 100 Stände zieren den romantischen Weihnachtsmarkt vor dem Dom. Holzspielzeug, Weihnachtsschmuck und Schmuck gibt es zu kaufen. Wer noch ein Geschenk sucht, wird hier bestimmt fündig! – www.trierer-weihnachtsmarkt.de

Dezember

■ Adventsmarkt Andernach: Die lebende Holzkrippe, in der das Lukas-Evangelium gespielt wird, ist hier das absolute Highlight für Kinder und Eltern. Kunsthandwerkliches kann bestaunt und deftige Leckereien können probiert werden. Ein familienfreundliches Angebot ist der Kindertag! – www.andernach.de

■ Internationaler Trierer Silvesterlauf: Am Hauptmarkt starten die Läufer. Darunter befindet sich auch so manche Sportgröße. – www.bitburger-silvesterlauf.de

■ Mittelalterlicher Weihnachtsmarkt auf der Burg Satzvey: Die Krippenspiele finden jeweils am Nachmittag zu jeder halben Stunde statt und erfreuen die ganze Familie. – www.burgsatzvey.de

■ Weihnachtsmarkt in der Altstadt Bad Neuenahr: Am dritten Advent ist der Höhepunkt der Mitternachtsweihnachtsmarkt. – www.bad-neuenahr-ahrweiler.de

■ Weihnachtsmarkt Brühl: Der Markt in der Innenstadt versetzt die ganze Familie in weihnachtliche Stimmung. Das eine oder andere Geschenk lässt sich auf dem Weihnachtsmarkt auch finden. – www.bruehl.de

■ Weihnachtsmarkt Monschau: Wunderschön geschmückte Buden, ein interessantes Unterhaltungsprogramm sowie Köstlichkeiten zum Schlemmen zeichnen diesen Weihnachtsmarkt aus. Der Weihnachtsmarkt gehört mit zu den schönsten in der Region. – www.monschau.de, www.monschau-weihnachtsmarkt.de

Ebenfalls erhältlich ...

ISBN 978-3-7654-5452-3

ISBN 978-3-7654-4779-2

ISBN 978-3-7654-4788-4

ISBN 978-3-7654-5066-2

BRUCKMANN

www.bruckmann.de

Register

143

Impressum

Unser komplettes Programm:

www.bruckmann.de

Produktmanagement: Claudia Hohdorf, Beate Dreher
Lektorat, Bildredaktion: Barbara Buchter, Neuenbürg
Layout: Comtex Mediendesign, Augsburg
Kartografie: Heidi Schmalfuß, München
Repro: Cromika s.a.s., Verona
Herstellung: Anna Katavic
Printed in Italy by Printer Trento S.r.l.

Alle Angaben dieses Werkes wurden von der Autorin sorgfältig recherchiert und auf den aktuellen Stand gebracht sowie vom Verlag geprüft. Für die Richtigkeit der Angaben kann jedoch keine Haftung übernommen werden. Für Hinweise und Anregungen sind wir jederzeit dankbar. Bitte richten Sie diese an:
Bruckmann Verlag
Postfach 40 02 09
D-80702 München
E-Mail: lektorat@verlagshaus.de

Bildnachweis:
Alle Fotos im Innenteil stammen von der Autorin, mit Ausnahme von: AG Bad Neuenahr, S. 121; AG Bad Neuenahr/Dirk Topel, S. 120; Archiv Touristik-Agentur Bad Bertrich GmbH, S. 46; Bleiberger Fabrik, S. 5, 114, 115; Brohltal-Schmalspureisenbahn Betriebs-GmbH, S. 113; Brückenkopf-Park Jülich, S. 16, 17; Cascade Erlebnisbad, S. 118, 124; DB-Museum Koblenz, S. 99; DSB, S. 82, 83, 84; Eifelpark GmbH, S. 30, 31; EifelTherme Zikkurat, S. 7, 126, 127; Figurentheaterhaus Mayen, S. 88, 89, 90; Freilichtmuseum Roscheider Hof, S. 3, 36; Industriemuseum Euskirchen, S. 4, 76, 77; Internationalen Zeitungsmuseum Aachen, S. 80; Kerzen- und Wachsmanufaktur Moll, S. 104, 105; Kreisverwaltung Vulkaneifel, S. 86, 87; L. Kupferschläger, S. 27; Lava-Dome Mendig, S. 116, 117; Ludger Ströter/LVR , S. 12, 14; LVR-Freilichtmuseum Kommern, S. 44; Max Ernst Museum Brühl des LVR, S. 79; Mittelrhein-Museum Koblenz, S. 100; Museum Zitadelle Jülich, S. 74, 75; Nürburgring Automotive GmbH, S. 38, 39; Petrispark GmbH. S. 34, 35; Phantasialand, S. 8, 22, 23, 24, 25; Regionalforstamt Rureifel-Jülicher Börde, S. 50, 51; Sommerbobbahn Monschau-Rohren, S. 18, 19; Spielzeugmuseum Trier, S. 102, 103; Stadt Bad Münstereifel, S. 123; Stadtwerke Mayen GmbH, S. 128, 130; Tourist-Information Bitburger und Speicherer Land, S. 28, 29; Tourist-Information Manderscheid, S. 42, 43, 135; Tourist-Information Roemische Weinstrasse, S. 72; Verbandsgemeinde Daun, S. 92, 93; Wild- und Erlebnispark Daun, S. 2, 62, 63
Umschlagvorderseite: Kletterspaß im Waldpark Eifel (© AKATO: Marketing, Kommunikation / Selma Karrenbrock-Suna)
Umschlagrückseite: Experimentieren im Erlebniszentrum

Die Deutsche Nationalbibliothek verzeichnet diese Publikation in der Deutschen Nationalbibliografie; detaillierte bibliografische Daten sind im Internet über http://dnb.d-nb.de abrufbar.

© 2012 Bruckmann Verlag GmbH, München
ISBN 978-3-7654-5007-0